マンガ 経営戦略全史

The Comic Guide to

50 Giants of Strategy: Positioning, Capability and Innovation

確立篇

経営戦略史は、ポジショニング派とケイパビリティ派の〝百年戦争〟

経営戦略の歴史は八岐大蛇（やまたのおろち）です。いろいろな起源をもった学派がぐねぐね常に動き回っています。複雑で難解で強力で、立ち向かう相手としては最強の部類です。でもその本質はひとつで、かつ体内に草薙剣（くさなぎのつるぎ）を潜（ひそ）ませています。手に入れれば、きっとあなたの力になる武器です。この本は、あなたがそれを探し出す、助けになるでしょう。

この数十年間の経営戦略史をもっとも簡潔（かんけつ）に語れば、「1960年代に始まったポジショニング派が80年代までは圧倒的で、それ以降はケイパビリティ（組織・ヒト・プロセスなど）派が優勢」となります。極めて単純です。前者の旗手は言わずと知れたマイケル・ポーター（1947〜、HBS（ハーバードビジネススクール））、後者は百家争鳴（ひゃっかそうめい）ではありますが、ジェイ・バーニー（1954〜、オハイオ州立大学）としましょう。

ポジショニング派は「外部環境がダイジ。儲かる市場で儲かる立場を占めれば勝てる」と断じ、ケイパビリティ派は「内部環境がダイジ。自社の強みがあるところで戦えば勝てる」と論じました。そして互いに「相手の戦略論では企業はダメになる」という研究成果を出しています。その戦いはまるで、果てもなく、勝者もいない英仏百年戦争（14〜15世紀）のようでした。

この本の構成と使い方

この本はほぼ時系列になっています。

確立篇…20世紀初頭の3つの源流に始まり、1950年代前後の近代マネジメントの創世、そして70〜80年代のポジショニング派の君臨、80年代中盤からのケイパビリティ派の勃興（ぼっこう）

革新篇…90年代後半のポジショニング派の逆襲に、2000年代のコンフィギュレーション派の登場。2005年以降の戦略論についての解説と、アダプティブ主義の実際と意味

それらを、各思想の中心人物に焦点を当てて、なぜそういう考え方になったのか、それはどんな功績を残したのか、結局どうなったのか、などを解説していきます。原作である『経営戦略全史』にほぼ沿いながら、本文はマンガで示し、各節の最後には文章での要約を付けています。

なのでこの本の使い方としては、

- **教科書**…経営戦略論の流れや史実、関連項目が一覧できる
- **百科事典**…関心ある項目について関連情報がわかる
- **物語**…どうやって経営戦略論が生まれ、進化してきたかを楽しむ

があるでしょう。

すでにこういったことを学んだことのある人でも、きっと新たな視点や知見が得られます。その点については結構自信があります。なぜなら私自身が、そうだったから。

ではここから、経営戦略論をめぐる約50人の巨人たちによる冒険活劇の始まりです。最高の知の旅を楽しんでください。まずは1995年までの前半戦を。

＊本書の登場人物の「年齢」には、1歳前後のズレがある場合があります。
＊書籍の発刊年は邦訳ではなく原書のものです。

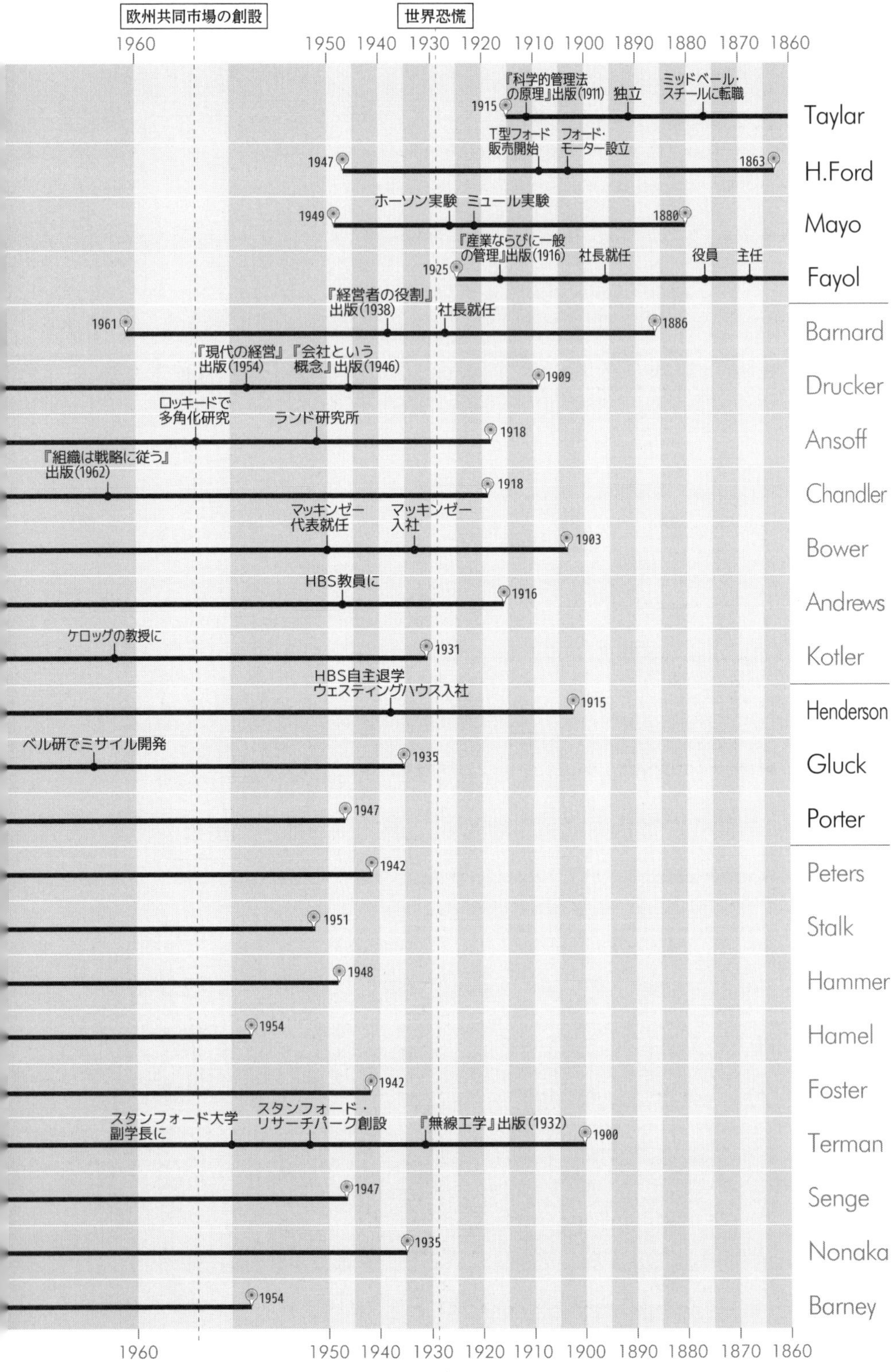
欧州共同市場の創設
世界恐慌
1960
1950
1940
1930
1920
1910
1900
1890
1880
1870
1860
Taylar
1915
『科学的管理法の原理』出版(1911)
独立
ミッドベール・スチールに転職
H.Ford
1947
T型フォード販売開始
フォード・モーター設立
1863
Mayo
1949
ホーソン実験
ミュール実験
1880
Fayol
1925
『産業ならびに一般の管理』出版(1916)
社長就任
役員
主任
Barnard
1961
『経営者の役割』出版(1938)
社長就任
1886
Drucker
『現代の経営』出版(1954)
『会社という概念』出版(1946)
1909
Ansoff
ロッキードで多角化研究
ランド研究所
1918
Chandler
『組織は戦略に従う』出版(1962)
1918
Bower
マッキンゼー代表就任
マッキンゼー入社
1903
Andrews
HBS教員に
1916
Kotler
ケロッグの教授に
1931
Henderson
HBS自主退学
ウェスティングハウス入社
1915
Gluck
ベル研でミサイル開発
1935
Porter
1947
Peters
1942
Stalk
1951
Hammer
1948
Hamel
1954
Foster
1942
Terman
スタンフォード大学副学長に
スタンフォード・リサーチパーク創設
『無線工学』出版(1932)
1900
Senge
1947
Nonaka
1935
Barney
1954

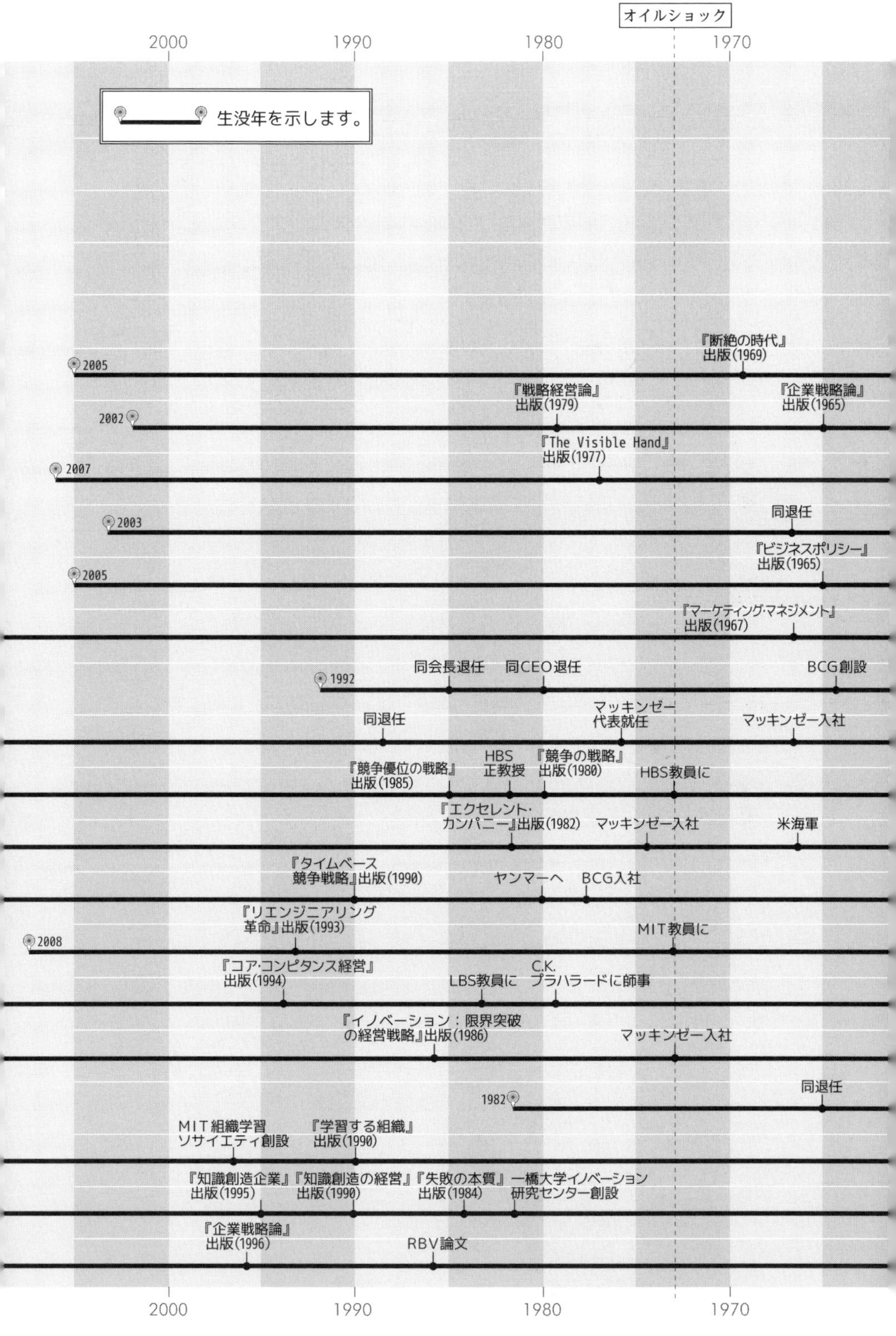
オイルショック
2000
1990
1980
1970
生没年を示します。
2005
『断絶の時代』出版(1969)
『戦略経営論』出版(1979)
『企業戦略論』出版(1965)
2002
『The Visible Hand』出版(1977)
2007
同退任
2003
『ビジネスポリシー』出版(1965)
2005
『マーケティング・マネジメント』出版(1967)
同会長退任
同CEO退任
BCG創設
1992
同退任
マッキンゼー代表就任
マッキンゼー入社
『競争優位の戦略』出版(1985)
HBS正教授
『競争の戦略』出版(1980)
HBS教員に
『エクセレント・カンパニー』出版(1982)
マッキンゼー入社
米海軍
『タイムベース競争戦略』出版(1990)
ヤンマーへ
BCG入社
『リエンジニアリング革命』出版(1993)
MIT教員に
2008
『コア・コンピタンス経営』出版(1994)
LBS教員に
C.K.プラハラードに師事
『イノベーション：限界突破の経営戦略』出版(1986)
マッキンゼー入社
同退任
1982
MIT組織学習ソサイエティ創設
『学習する組織』出版(1990)
『知識創造企業』出版(1995)
『知識創造の経営』出版(1990)
『失敗の本質』出版(1984)
一橋大学イノベーション研究センター創設
『企業戦略論』出版(1996)
RBV論文
2000
1990
1980
1970

もくじ

第2章 近代マネジメントの創世

思いやり

第3章 ポジショニング派の大発展

第4章 ケイパビリティ派の群雄割拠 145

5ヵ
分析

Chapter 1

Chapter 2

Chapter 3

Chapter 4

第1章 近代マネジメントの3つの源流

科学的管理法の父 テイラーと人間関係論の始祖 メイヨー

メイヨー

テイラー先輩、こんにちは！

テイラー

おおメイヨーくん、久し振り。
最近なんだか面白い実験をしたらしいね。
工場で 2 万人もインタビューしたんだって？

メイヨー

いやー、大変でした。
もともとはテイラー先輩が打ち立てられた「科学的管理法」を
確かめるはずだったんですけど、全然そうならなくて焦りました。

テイラー

まあボクの生産性向上研究は、銑鉄（ズク）運びの 4 人からだったからねえ
(1898)。「いっぱい運んだら賃金アップ」だけじゃダメだったのが
発見だった。みんな頑張りすぎてすぐ疲れちゃう。

メイヨー

給与以外にどんな工夫をされたんですか？

テイラー

ショベル作業研究のときは、ズバリ「ひとかき 21 ポンド」が最適だったね。
だから重い鉱石のときには小さなショベル、軽い灰なら大きなショベル、で
結局 8 種類もつくったなあ。ショベルを押し込む速さとか高さとか、
投げるときの時間とか。ストップウォッチで計りまくったんだけど、
みんなで 600 人もいたから大変だった。

メイヨー

その作業計画とかのために、計画部なんて組織までつくったんですよね。

テイラー

そう。でもお陰で作業コストは半分以下になった。
計画とか管理ってダイジなんだよ。製品価格は下げられるし、
賃金も上げられたし、よかったんじゃないかな。当時は工場の中ってほんと
酷（ひど）くてさ。なんでも目分量（めぶんりょう）だし、経験と勘だけで
経営してるし、経営者と労働者は対立ばっかだし。

メイヨー

それを正当な尺度をつくって測って、両方得になるようにする、がテイラー先輩の「科学的管理法」ですよね。

テイラー

その通り。作業として何をどうやるかをちゃんと定めて、その作業効率に応じて賃金を決める。
これが基本だよね。でもメイヨーくんのは「それだけじゃない」って実験結果だったらしいね。

人間関係論、誕生

メイヨー

そうなんですよ〜。
ミュール紡績工場のとき（1923）は、生産性が低いのと離職率が年 250%（月 21%）もあって、どうにかしてくれって言われてやったんですけど、労働環境を良くしても生産性が上がらなかったり、悪くしたのに下がらなかったりで……。

テイラー

そりゃ、変だね。で、原因は何だったの？

メイヨー

人間関係、ですかねえ。
話し合いで休憩順を決める、とか、経営者がコミットを見せる、とか。
結局生産性も上がったんですけど、なんと離職率がほとんどゼロになりました。

テイラー

ほー。もうひとつがホーソン実験だったっけ。

メイヨー

はい。従業員 100 人から 6 人選んで電機部品の組み立て効率を調べたんです。
テイラー先輩流の労働条件（賃金、休憩時間、軽食、部屋の温度や湿度など）をいろいろ変えて作業してもらったんですよ。条件をよくすれば生産性は上がる。
これはいいんですけど、その後、労働条件を下げても……。

テイラー

生産性が高いままだったと。

メイヨー

そうなんです。
彼女たち、もともと優秀で、しかも 100 人から選ばれたもんだから
ものすごくモラール（やる気）が高くて。
労働条件なんてまったく関係なかったです。

テイラー

「2万人」ってやつは、どうだったの？

メイヨー

最初は、従業員各人の労働条件を、項目別に私たち研究者が聞き取ってたんですけど、現場のマネジャーがやった方が訓練になるからって、マネジャーがやるようにしたんですよね。それも項目も決めずに自由に話す方法で。
そうしたら報告書が膨大な「雑談集」になっちゃって……。

テイラー

それじゃあ分析のしようがないじゃない！

メイヨー

ところがどっこい、その「雑談」だけでみんなの生産性が上がったんですよ。
従業員は話す中で自分の問題を発見・解決し、マネジャーたちは聴く中で
リーダーとしての素養や情報を得た、ってとこでしょうか。
対話ってダイジだったんです。

合理的経済人は、消えた

テイラー

つまり、
人間はボクが言っていたような単純な「合理的経済人」じゃ、ないってことか。

メイヨー

そう思うんです。
ヒトってもっと連帯的、感情的に行動する「社会人」「情緒人」なんですよ。
いや、そうなってきたんですよ。テイラー先輩の時代と違って、
みんなちょっと豊かになって、余裕もできて。仕事だって最近（1927 頃）は
女性はパーマかけて、男性はワイシャツにネクタイでやるんですよ。

テイラー

人間ってこれからどうなっていくんだろうなあ……。

01 Taylor
02 Ford
03 Mayo
04 Fayol
05 Barnard
06 Drucker
07 Ansoff
08 Chandler
09 Bower
10 Andrews
11 Kotler
12 Henderson
13 Gluck
14 Porter
15 Canon-Honda
16 Peters
17 Bmarking-Robert
18 Stalk
19 Hammer
20 Hamel-Prahalad
21 Foster
22 Terman
23 Senge-Nonaka
24 Barney

「科学的管理法」を生んだ
フレデリック・テイラー

ハーバード大学法学部に入学するが、
目を悪くして退学

19歳　ポンプ工場に見習い工として就職
以降、職場の生産性向上に努める

35歳　独立し、多くの企業を立て直す

55歳　『科学的管理法の原理』出版

最適化し
研究した結果
21ポンド
1日あたりの作業トン数
1杯あたりの運搬量
1杯21ポンドが最適重量でした
ほおっ
そのためには作業者に合ったショベルが必要なんです
Best Choice

「科学的管理法」を
19世紀の工場に導入した
フレデリック・テイラーは
1856年アメリカの
フィラデルフィアで生まれました
フレデリック・テイラー
Frederick Taylor
(1856～1915)
産業革命により
街角や工場に
夜も明かりがつく時代
明るいっていいな
テイラーは
ハーバード大学法学部に
合格しましたが
目の病気になり
大学を辞めます
先生 見えませーん
その後19歳で
ポンプ工場にて
現場作業者
22歳で
ミッドベール・スチールで
機械工として
働きます
当時の工場は
管理者の力が強く
現場作業員らは
働くだけ無駄という
組織的怠業が
蔓延していました
アハハハ
あの人たち
また
サボってる
おい
テイラー
そんなに
働くなよ
ぬっ
ビクッ
えっ

目立つことするんじゃねぇ
適当でいいんだよ
イッ
どうせどんなに頑張っても賃金は変わらないんだ
ズ
「頑張る者は迷惑」現場ではそんな空気まで流れていました
は…はい…
ポイ
このままでは誰も幸せになれない
テイラーは現状をなんとかしようと数々の工夫を続けました
そんな彼に大きな改革のチャンスが訪れました
君は優秀だぜひウチの会社でその腕をふるってくれないか
600人の組織を任せるよ
ろ…
600人ですか…
現状を打開するチャンスかもしれない
ドキ
わかりました任せて下さい
ドキドキ
テイラーはさっそくさまざまな実験・研究を行います
ガッ
ガッ
ガッ
あのテイラーって奴はなにをやっているんだ
さっきからメモばかりとってるぞ
さぁな…?
秀才の考えることはわからん
ギロリ
これまでの目分量方式ではダメだ
カリ
カリ
カリ
カリ

運ぶものにかかわらず
毎日400～600人の
作業者が
適当なショベルを選び
すくっている
灰
鉱石
今のままでは
1人あたりの作業量は
作業者によってバラバラ
最適重量を
導き出して
最適化する必要が
ある
カリカリ カリ
カリ カリ
できた！
オレスゲェ
テイラーは
ショベル作業を
研究して
計画・管理・業務を
明らかにしました
なに…
8種類の
ショベルを
用意しろだと
なんのためだ？
ガタッ
生産性向上のためです
どーん
自信満々
え…
マジっす
マジ…？

ショベルを差し込む速度や高さ 投げる時間も 最適化し 研究した結果
21ポンド
1日あたりの作業トン数
1杯あたりの運搬量
1杯21ポンドが最適重量でした
ほおっ
そのためには作業者に合ったショベルが必要なんです
Best Choice
しかしだな… それを実現するには作業に合わせた人員を配分して各作業者にショベルを配って管理する部署が必要だろ
はい あなたはこれ!
はいよ!
その分コストが増すじゃないか
心配ご無用
そのコストを差し引いても会社に不利益を与えることはありません
へー そうなんだ
加えて賃金体系も ある作業量を超えれば賃金率をあげる段階制にすべきです
ここ大切
労使双方の幸せのためには運搬量と道具の最適化 そして賃金体系の改正は避けては通れないのです
ち、近い…
うーん
信じてください
わかった 君を信じてみよう
ありがとうございます
ぐっ
こうしてテイラーの提言で改革が行われました
結果は大成功でした
どどん
1人あたりの作業量
16トン→59トン 3.7倍
1人あたりの賃金
＄1.15→＄1.88 ＋63％
生産量あたりのコスト
（10トンあたり）
72セント→32セント －56％
どうだ!!

テイラーの改革によって労使双方の得になりました
素晴らしい よくやってくれた
ありがとう テイラー
君のおかげで賃金があがって生活が楽になった
ワッショイ
ワッショイ
これで「労使の相互不信・対立から相互信頼・協調への転換」「生産性向上による恩恵の労使での享受」が実現するぞ!
おいおい おとすなよ
その後もテイラーは多くの企業を立て直し労働者の賃金向上につなげました
はい ここ大切!
オオッ
独立したテイラーは「管理の目的は労使の最大繁栄」そして従業員の繁栄は賃金だけでなく「生来の能力の許すかぎり最高級の仕事ができること」だということを多くの人に伝え続けます
ここも大切!!
1911年 55歳となったテイラーは『科学的管理法の原理』を書き上げました
The Principles of Scientific Management
Frederick Winslow Taylor
どどーん
①課業（タスク）管理
「1日の公平な仕事量」を定める
②作業研究
熟練工のムリ・ムダ・ムラのない作業を、未熟練工に伝える
③指図票（マニュアル）制度
「使う道具や時間、作業」が標準化されマニュアル化される
④段階的賃金制度
作業者のモチベーションを引き出すためのもので1日の課業(公平な仕事量)を超えれば賃金率があがるなどの制度
⑤職能別組織
組織を計画機能と執行機能に分け各々に専門部署を置く
みんな幸せになれぇぇ!!
公平な条件のもとでより高い賃金を求めていた若い未熟練工や生産量の拡大を急ぎ効率化を求めていた経営者たちにとってとても理にかなったものでした
ついにテイラーの本がでたぞ
ワイワイ
ワイワイ
Boo
これでさらに多くの人が幸せになると夢見たテイラーでしたが現実は違いました

経営側は
科学的管理法を
ひたすら労働生産性向上の
道具にだけ使い
その成果を労働者側と
分け合うことをしませんでした
フフフフフ…
労働者側も反発し
「科学的管理法の導入拒否」を
叫ぶ労働組合が相次ぎます
No!
ちゃんと報酬をよこせ
No!
批判はテイラーにも
向けられました
計画・管理と
現場を分離して
労使対立を激化させた!
ドドド
まてこらぁ
No!
No!
No!
人間性が欠如した
科学という名の
労働強化だ!!
ド
誤解だぁ
なんで
こんなことに…
きっと後世の人々は
私の夢見た世界を
実現してくれるはず…
そう信じて
テイラーは
1915年
59歳で亡くなりました
今に
見てろぉおおお
ドドドドド

源流①テイラーが「科学的管理法」を生んだ

ビクッ
えっ

01 産業革命と若きテイラーの憂鬱

- この経営戦略全史という物語を、今から100年前の世界を生きた**フレデリック・テイラー**（Frederick Taylor、1856～1915）から始めることにします。彼こそが、すべての源流だからです。
- その約100年前、イギリスで始まった産業革命は、織機(しょっき)・紡績機(ぼうせき)の改良から製鉄技術の改良へと移り、動力源である蒸気機関の発明・開発（James Watt、1763～1819）によって鉄道や蒸気船も生み出されました。産業発展の中心地はドイツ、アメリカに拡大し、トマス・エジソン（Thomas Edison、1847～1931）の発明・産業化によって電気の利用も始まりました。街角(まちかど)や工場に夜も明かりがつくようになったのです。
- しかし、その工場の中は「怠業(たいぎょう)」と「不信」「恐怖」にあふれていました。若き日のテイラーは現場でそれを目(ま)の当たりにし、憂鬱の淵に沈み、これをなんとかしたい、と思いました。これでは誰も幸せになれない、と。

02 テイラーは「科学的管理法」で劇的な生産性向上を成し遂げた

- テイラーは現場の生産性向上のためにさまざまな実験・研究をします。ストップウォッチを使って作業の時間分析をしたり、メジャーを使って移動距離を調べたり。それまでの「目分量方式（rule of thumb method）」による作業の割り振りではなく、ちゃんと計算して作業を配分しました。
- ベスレヘム・スチールにおけるショベル作業の研究では、計画・管理業務の大切さが明らかになりました。彼の提案した改革の結果、作業者１人あたりの作業トン数はなんと3.7倍に増えました。同時に作業者が受け取る１日の平均賃金は63%も増えましたが、全体としてのコストは生産トンあたり半分以下となりました。労使ともに大いに得をしたのです。
- テイラーはその後、多くの特許を取って35歳で独立します。多くの企業を立て直し、労働者の賃金向上につながりました。それらの成果の集大成としてまとめられたのが『科学的管理法の原理』（1911）でした。テイラー55歳の作品です。労使ともの繁栄を目指した指南書でした。

03 生産性向上と賃金向上の両立を目指したが……

- しかし、経営側は暴走します。テイラーの科学的管理法を、ひたすら労働生産性向上の道具にだけ使い、その成果を労働者側と分け合うことをしなかったのです。当然、労働者側は反発します。「科学的管理法の導入拒否」を叫ぶ労働組合が相次ぎました。
- そして同時に、彼の前提であった「労働者は賃金のために働く（経済動機）」が崩れ始めます。安価な自動車、T型フォードがその端緒(たんちょ)でした。

01 Taylor
02 Ford
03 Mayo
04 Fayol
05 Barnard
06 Drucker
07 Ansoff
08 Chandler
09 Bower
10 Andrews
11 Kotler
12 Henderson
13 Gluck
14 Porter
15 Canon-Honda
16 Peters
17 Bmarking-Robert
18 Stalk
19 Hammer
20 Hamel-Prahalad
21 Foster
22 Terman
23 Senge-Nonaka
24 Barney

「豊かな大衆」を生んだ

ヘンリー・フォード

16歳 見習い機械工として社会に出、エンジニアに

33歳 自動車をつくり始める

40歳 フォード・モーターを設立し、5年後にT型を販売開始

完成しました
じゃじゃーん
できたぁ
もうむり…
1908年 950ドルで 販売開始
$950
ようやく この日を迎えた
ついに発売に こぎつけましたね
…

世帯年収の8分の1の価格の
自動車をつくり
「豊かな大衆」を生み出したのが
ヘンリー・フォードです
ヘンリー・フォード
Henry Ford
(1863～1947)
1863年
アメリカ
ミシガン州の
農家で生まれた
アントレプレナー
ココ
ゴゴ
ゴゴ
わぁ
すごい!
自動車だ
オォ
ゴゴゴゴ
1885年
ドイツで
ダイムラーと
ベンツが
ガソリン式
自動車を発明
します
しかし当時
自動車は
お金持ちだけのものでした
3000ドル以上
ダイムラー
メルセデス
(1900)
いつか
僕もあんな
カッコイイ
車をつくりたい
きめた!
ぐっ
※当時の
平均世帯年収
750ドル

1903年
40歳で
フォード・モーターを
設立します
Ford
FORD MOTOR COMPANY
ドーーン
ダイムラー・ベンツは
3000ドル以上する
とても庶民には買えない
高嶺の花
そんな車を
誰にでも
買えるようにしたい
ドドーーン
フォードは
誰にでも買える車を
開発することを
決心しました
フォードは
試行錯誤を
繰り返し
モデルA、C、F、
高級車Kなどの
多くの失敗を経て
モデルNで
ようやく成功を
収めます
C型
A型
F型
K型
N型
カン
カン
カン
カン
カン
これでもダメだ
もっと車体を
小型化する必要がある
ドドドーン
ぎゃ
なに
やってるんだ
僕は!!
こうした
努力の結果

モデルT、つまり
T型フォードが
完成しました
じゃじゃーん
できたぁ
へ。
へ。
つかれた…
もうむり…
1908年
950ドルで
販売開始
$950
ようやく
この日を迎えた
ついに発売に
こぎつけましたね
…
全然高い！
うちの車は
まだ高いんだ
ええ！
もっと安くですか
今でも
他社に比べて
何割も安いですよ
$950
アメリカは広い
へ

馬の10倍走る足ができれば土地の安い郊外に一軒家を立ててそこから会社に通うことができるだろ
馬
会社
10倍
車
たしかにそうですが…
そのためには今の価格ではダメもっと値段を下げて誰にでも買えるようにしなければならないのだ
目指せプライス・ダウン！
キラン
まじっスか…
フォードの夢はとても大きなものでした
フォードはまず低コストと高い信頼性を実現するために「作業の時間・動作分析」を行い「作業の標準化・マニュアル化」を導入します
テイラーの科学的管理法と同じだ
さらに「徹底した分業化」と「流れ作業」を加えました
熟練の技
それは熟練工がこれまでやっていた作業を何十・何百もの単純作業に分割しラインで組み立てるものでした
A
カチャカチャ
B
グィ
グィ
C
ガチャン
完成！

こうして効率的な大量生産システムを確立したフォード車は年々値下げを繰り返します
1908年
＄950
1925年
＄260
そしてついにT型フォードは世帯年収(2000ドル)の8分の1で買えるようになり大衆の足となったのです
ドドド
ブオオオ
ブオオオン
ブオオオーン
最近フォードの車よく見るな
俺らも早くいい仕事見つけていつかは手にしたいものだ
いい仕事ねぇかな～
フォードの工場給料いいらしいぞ
え

1日たった
8時間働くだけで
日給5ドルだって
3交代制だけどね
なんだって！
夫婦で働きゃ
年収3000ドル
じゃないか！
ほら
俺は
フォードで
働くぞ！
そして
フォードの車を
買うんだ
ビューン
好待遇により
全米から
就職希望者が集まります
Ford
働かせて
オレも
ワラワラワラワラワラ
でもなぜフォードは
好待遇で従業員を雇ったので
しょうか？
それはフォードが
独特の経営観を
持っていたからです
私は
より多くの賃金を
従業員に払いたい
ぐっ
ま…
まじっスか
スゲーなこの人
経営者たるもの
「より多くの賃金を
従業員に払う」ことを
主たる動機とすべきだと
考えていました
利潤動機より賃金動機
大衆へのサービス精神
みんなで
幸せになりたいかぁ!!
オーッ

工場は24時間
3交代制でフル生産
高い賃金をもらう
従業員はその後
T型フォードの顧客となる
工場はまたまた
フル生産で
車を安く供給
こうして
巨大な循環が生まれ
フォードは
郊外から車で通う
「豊かな大衆」を
生み出しました
しかし盤石(ばんじゃく)に見えたこのサイクルに誤算が生じます
ピキッ
00：00
カチャ
00：04
カチャ
00：08
カチャ
00：12
カチャ
00：16
カチャ
タイヤフレームに
鉄輪をはめる工程では
1人がタイヤフレームと
鉄輪を重ね
もう1人はそれを
プレスに挟んで
一体化します
4秒に1回
1日8時間で
約7000回のペース
ガシャン
カチャ
カチャ
ガシャン
やって
られるかぁ
あきるわっ
ブ
ハッ
オオッ
キレやがった

フォードの工場で
単純作業を
繰り返すことに
もはや
豊かな大衆は
耐えられなく
なっていたのです
フォードの
職場は
過酷だ…
めっちゃ
単純やし
今日も
大量の従業員が
辞めて
いきました
私の
方針の
何が
いけなかったんだ…
フォードは
「豊かな大衆」を
生み出すとともに
社会(と自社)に対し
「経済動機の限界」を
突きつけることになります
その限界を
打ち破ったのが
次の登場人物
メイヨーでした

「豊かな大衆」を生み出したフォーディズム

01 T型フォードの衝撃：世帯年収の8分の1の車が「豊かな大衆」を生んだ

- アメリカ ミシガン州の農家に生まれたヘンリー・フォード（Henry Ford、1863～1947）こそが、この「大衆社会」をつくった人と言っても過言ではないでしょう。
- 1885年にドイツでダイムラーとベンツがガソリン式自動車を発明しました。しかし価格は3000ドル以上。平均世帯年収が750ドル程度の時代です。
- 紆余曲折（うよきょくせつ）を経てフォードは1903年フォード・モーター を設立し、1908年からモデルTを販売し始めました。価格は950ドル。競合より丈夫な上に何割も安く、しかも年々値下げして1925年には260ドルとなりました。
- こういった安価で馬の10倍も走る足ができたからこそ、「土地の安い郊外の一戸建てに住んで、都市の工場に通う」という「豊かな大衆」が出現したのです。

02 テイラー流を極めたフォード・システム：究極の流れ作業

- このT型フォードの高い信頼性と低コストを実現したのが、フォード生産システムでした。それはまさにテイラーの科学的管理法と同様に、「作業の時間・動作分析」による「作業の標準化・マニュアル化」でした。
- そこにさらに「徹底した分業化」と「流れ作業」が加わります。熟練工の作業は何十・何百もの単純作業に分割され、それをベルトコンベヤ等がつなぎます。サブの生産ラインはすべて、最終組み立てラインと同期されました。停滞は許されません。

03 「より多くの賃金を従業員に払いたい」とフォードは願った

- フォードは当時としては独特の経営観（フォーディズム）を持っていました。それが「大衆へのサービス精神」「利潤動機より賃金動機」でした。彼は、経営者たる者は「より多くの賃金を従業員に払う」ことを主たる動機とすべきだと考え、実践したのです。フォードの工場労働者の賃金は、全米トップクラスでした。
- 結果、全米から就職希望者が殺到し、その従業員たちがまた、T型フォードの顧客となる、という巨大な循環が生まれました。

04 豊かな大衆はもはや単純作業に耐えられない

- でも、やっぱり「フォードの職場は苛酷だ」ということになりました。多くの新人従業員が、試用期間だけで工場を去りました。まさにチャールズ・チャップリンが『モダン・タイムス』（1936）で風刺したあの光景そのものでした。皮肉なことに、フォードは「豊かな大衆」を生み出すとともに、社会（と自社）に対し「経済動機の限界」を突きつけることになりました。
- そこに登場したのが、次に紹介するオーストラリア人のエルトン・メイヨーでした。科学的な手法を使いながら、しかし人間性重視への扉を開いたのです。

01 Taylor
02 Ford

03 Mayo
04 Fayol
05 Barnard
06 Drucker
07 Ansoff
08 Chandler
09 Bower
10 Andrews
11 Kotler
12 Henderson
13 Gluck
14 Porter
15 Canon-Honda
16 Peters
17 Bmarking-Robert
18 Stalk
19 Hammer
20 Hamel-Prahalad
21 Foster
22 Terman
23 Senge-Nonaka
24 Barney

「人間関係論」の始祖

エルトン・メイヨー

31 歳 医学・論理学・哲学を修め教員に

42 歳 米国に渡り「ミュール実験」
その後、HBS に招聘され「ホーソン実験」に参加

「人間関係論」を打ち立てる

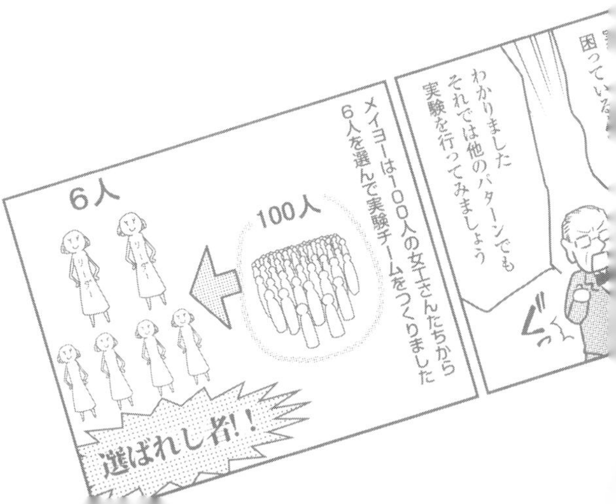

わかりました
それでは他のパターンでも
実験を行ってみましょう
メイヨーは100人の女工さんたちから
6人を選んで実験チームをつくりました
100人
6人
選ばれし者!!

「社会的存在としての人間」を見出したのは1880年オーストラリアのアデレードで医師の子として生まれたエルトン・メイヨーでした
ジョージ・エルトン・メイヨー
George Elton Mayo
(1880～1949)
医学、心理学、哲学を学び42歳でアメリカに渡りペンシルバニア大学ウォートン・スクールで「産業精神衛生の研究」に携(たずさ)わりました
米
豪
1923年
メイヨー先生 フィラデルフィアの紡績工場に行ってもらえませんか? 困っているらしいのです
はい
43歳
その紡績工場で最新鋭のミュール紡績部門だけは他の部門に比べて離職率がとても高くその原因を探る研究をすることになります
ミュール紡績部門の離職率 年250%
その他の部門は 年5～6%
250%とは驚きだ
毎月従業員の2割が辞めていく計算ですね
ミュール
㊙

ミュール
離職率が高い原因はおそらく仕事の「単純さ」と「孤独さ」からくる精神的疲労が原因だと思います
そうだったのか
どうしよう
オロオロ
どうでしょうか従業員たちにもっと休憩時間をとらせてみては
わかりましたやってみます
ガタッ
メイヨーの提案が受け入れられ実行されました
みなさーんあつまってくださぁい
なんだなんだ
仕事中なんだぞ
ザワザワ
ザワ
ザワ
働きやすい環境をつくるために休憩を導入しますどうとるかみんなで考えましょう
えっ!?いいの!?
あーでもないこーでもない
ゴニョゴニョ
あ!それいーかも!!
ゴニョ..
1日4回10分ずつの休憩を交替でとります とる順番はみんなで相談して決めます!
そんなに!?
まじで…?
生産性落ちないかな…

数カ月後―
結果が出ました
バサッ
メイヨーの目論見はあたり離職率は年5％程度へと劇的に低下しました
さらに生産性も向上したのです
ミュール紡績部門離職率
250%→5%
改善
生産性もUP
ドドー
スゲー!!
さすがメイヨー先生 短い休憩時間で職場への不満が大きく減りました
本当にありがとうございます
…
本当にそうだろうか…
離職率が下がった原因はもっと他にあるんじゃないのか
飲みに行きましょ
いい店知ってますよ
お祝いお祝い
…
1927年 ハーバード大学ビジネススクール(HBS)に移っていたメイヨーは電話機製造会社ウェスタン・エレクトリックのホーソン工場での実験に取り組みます
えっ

もう一度
いいですか…
私たちも
信じられないんですが
「作業効率は
照明が明るくなるほど上がる」
と言われていたので
実験したら
照明を明るくしたときも
暗くしたときも
生産性が
どちらも上がったんです
明るくしたとき
暗くしたとき
テイラー先生の
「科学的管理法」に
反する結果じゃないですか
それだけじゃないんですよ
照明を変えていない
チームの
生産性までも
上がったんです
照明を
変えていないとき
そんな
バカな…
テイラー先生は
間違っていたのか!?
私たちも
実験結果の解釈に
困っているんです
わかりました
それでは他のパターンでも
実験を行ってみましょう
ぐっ
メイヨーは100人の女工さんたちから
6人を選んで実験チームをつくりました
100人
6人
リーダー
リーダー
選ばれし者!!

その実験チームに対しては
いろいろと労働条件を変えてみて
生産性がどうなるかを
調べました
賃金
軽食の提供
部屋の温度
18℃
35℃
休憩
私たちは
試されてる!!
労働条件が
どう変わろうと
生産性は
上がり続けました
「選ばれし6人」の
プライドがすべてに
打ち勝ったのです
アップ
これは
予想外だな…
生産性
こうなれば一度
工場で働いている
従業員全員に
話を聞いてみたい
1928年
従業員に対する
大規模な
面接調査が行われました
当初は
検査部門
1600人が対象
最終的に
工場全体
2万人以上に

聞き取り方法も
当初は質問項目が
決まっていましたが
もう少し
待遇よくして
もらわないと
わかるわー
オレもそう思うよ
途中から現場マネジャーが
面接を行うようになり
面接も自由に会話する
雑談のようなものに
変わっていました
面接結果です
どーん
うそでしょ…
でも意外な結果が
出ました
なんと
面接をしただけで
(内容にかかわらず)
生産性が向上した
のです
どういうこと
でしょうか…
わけがわからん
ピン
おそらく…
従業員は
話しているうちに
自分の不満が
根拠のあるものなのか
どうかを自ら理解し
現場マネジャーは
聴くうちに
部下たちの状況を
把握し対処することで
自らを高めることができたんですね
私の結論は
こうです…

【メイヨーの結論】
・ヒトは経済的対価より、社会的欲求の充足を重視する
・ヒトの行動は合理的でなく感情に大きく左右される
・ヒトは公式（フォーマル）な組織よりも非公式（インフォーマル）な組織（職場内派閥や仲良しグループ）に影響されやすい
・ヒトの労働意欲はゆえに、客観的な職場環境の良し悪しより、職場での（上司や同僚との）人間関係に左右される
ミュール紡績部門
自分たちで決めた
ホーソン工場
選ばれし6人のプライド
選ばれし者！
ホーソン工場
面接調査
ヒトはパンのみによって生くるにあらずです
なるほどぉ
つまり会社で定めたルールや仕組みを押しつける厳格な上司よりもチームや個人の状況に裁量権を与えてくれる上司のもとでこそ士気も生産性も上がるということですね
やる気UP
労働環境や条件なんて生産性とそれほど関係ないってことか…
いやテイラー先生が間違っていたわけではない
ヒトが経済人から社会人に変わっていたのだ
経済人
社会人

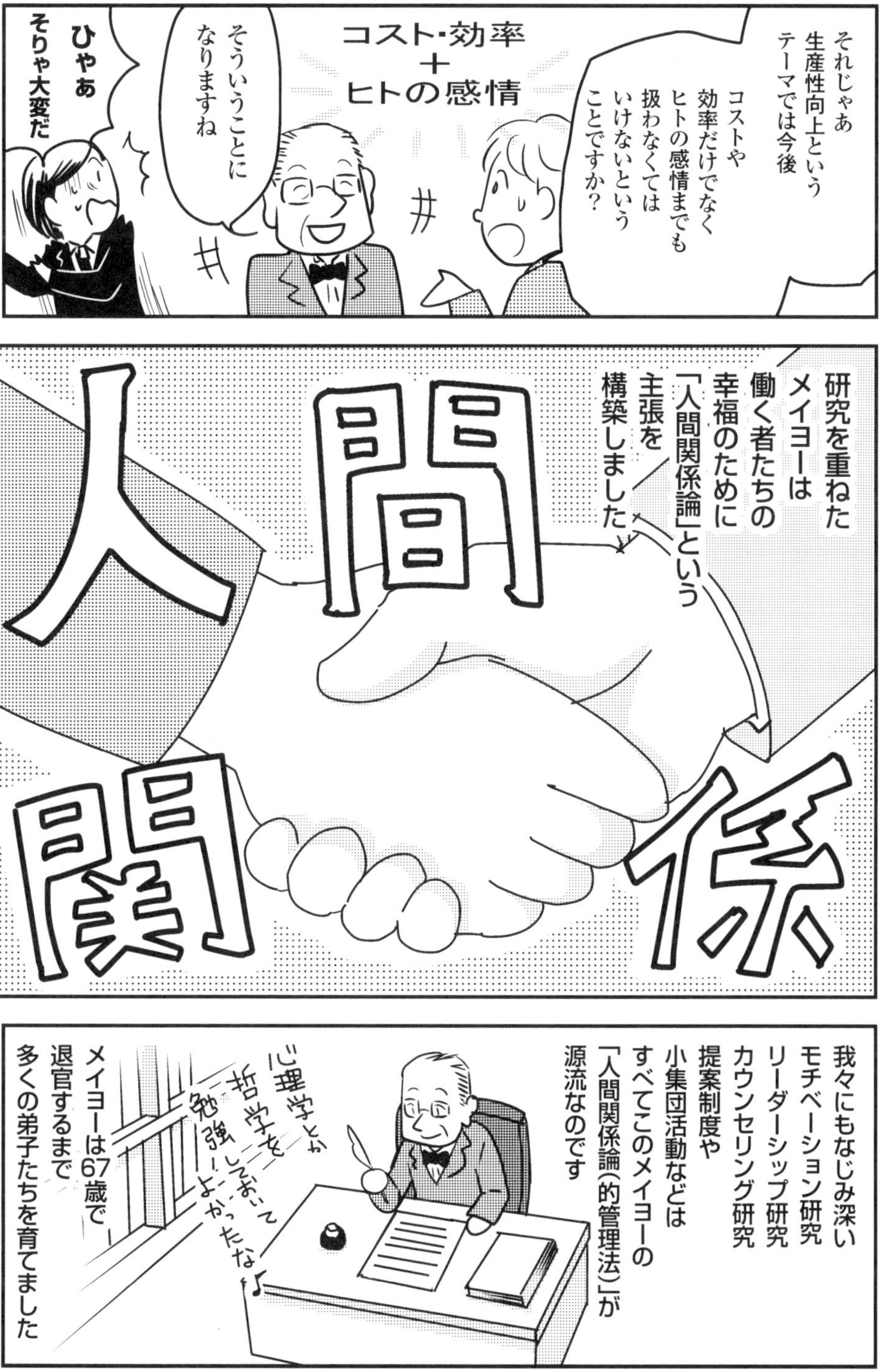
それじゃあ生産性向上というテーマでは今後
コストや効率だけでなくヒトの感情までも扱わなくてはいけないということですか？
コスト・効率
＋
ヒトの感情
そういうことになりますね
ひゃあ
そりゃ大変だ
研究を重ねたメイヨーは働く者たちの幸福のために「人間関係論」という主張を構築しました
人間関係
我々にもなじみ深いモチベーション研究リーダーシップ研究カウンセリング研究提案制度や小集団活動などはすべてこのメイヨーの「人間関係論（的管理法）」が源流なのです
心理学とか哲学を勉強しておいてよかったな♪
メイヨーは67歳で退官するまで多くの弟子たちを育てました

源流②メイヨーが「社会的存在としての人間」を見出した

01 1927～30年「ホーソン実験」：労働環境なんて関係ない！

- エルトン・メイヨー（George Elton Mayo、1880～1949）は、オーストラリアのアデレードで医師の子として生まれました。医学、論理学、哲学を学んだメイヨーは、31歳から教員生活を始め、42歳でアメリカに移って、まずはスタンフォード大学のウォートン・スクールで業績を築きました。
- その後HBS（ハーバード・ビジネス・スクール）に招聘（しょうへい）されたメイヨーは1927年、電話機製造会社ウェスタン・エレクトリックのホーソン工場での実験に取り組みます。リレー組み立て作業での実験で100人の女工さんから選ばれた6人は、**賃金、休憩、軽食、部屋の温度・湿度がどう変わろうとも、条件が変わるたびにその生産性を上げ続けました**。彼女らのプライドや連帯感は、すべて（賃金・作業環境などの労働条件）に打ち勝ったのです。
- 1928～30年には従業員に対する大規模な面接調査が行われました。工場全体の2万人以上が面接対象となりましたが、意外な成果がすぐ表れました。**面接をしただけで（内容にかかわらず）生産性が向上した**のです。従業員は話すうちに、自分の不満が根拠のあるものなのかどうかを自ら理解し、現場マネジャーは聴くうちに部下たちの状況を把握し、対処することで自らを高めていたのです。

02 メイヨーの結論――人の労働意欲は労働条件より人間関係が決める

- 他の実験の結果も踏まえて、彼は結論づけます。人は賃金でなく人間関係で動く、と。
  - ・ヒトは経済的対価より、社会的欲求の充足を重視する
  - ・ヒトの行動は合理的でなく感情に大きく左右される
  - ・ヒトは公式（フォーマル）な組織よりも非公式（インフォーマル）な組織（派閥や仲良しグループ）に影響されやすい
  - ・ゆえにヒトの労働意欲は、客観的な職場環境の良し悪しより、職場での（上司や同僚との）人間関係に左右される
- 以来、企業での生産性向上というテーマは、まことに複雑で深遠なものとなりました。コストや効率だけでなく、感情をも扱わなくてはならなくなったからです。

やる気
UP

03 生活水準の向上が人間を「経済人」から「社会人」に変えた

- テイラーの科学的管理法が間違っていたわけではありません。ただ大衆が豊かになり、賃金以外のものにも重きを置く「社会人」に変わっていたのです。
- メイヨーは働く者たちの幸福のために、弟子のレスリスバーガーたちとともに「人間関係論」という主張を構築していきます。それは「産業社会学」という新しい学問分野を生むと同時に、「行動科学」という名のもとでさまざまな実学を生み出していきました。今われわれになじみ深い、**モチベーション研究、リーダーシップ研究、カウンセリング研究、提案制度や小集団活動、これらはすべて人間関係論（的管理法）の、つまりメイヨーの子どもたち**なのです。

01 Taylor
02 Ford
03 Mayo
04 Fayol
05 Barnard
06 Drucker
07 Ansoff
08 Chandler
09 Bower
10 Andrews
11 Kotler
12 Henderson
13 Gluck
14 Porter
15 Canon-Honda
16 Peters
17 Bmarking-Robert
18 Stalk
19 Hammer
20 Hamel-Prahalad
21 Foster
22 Terman
23 Senge-Nonaka
24 Barney

企業の「統治プロセス」をつくった

アンリ・フェイヨル

19歳 仏グランゼコール卒業、25歳で主任技師に

31歳 鉱山部門の役員、37歳で経営を任される

47歳 本社の社長、30年間活躍

75歳『産業ならびに一般の管理』出版。
33年後に英訳され世に広まる

経営管理 Administration
アドミニストレーション
1. 計画 Planning
2. 組織化 Organizing
3. 指令 Commanding
4. 調整 Coordinating
5. 統制 Controlling
人
モノ・金
いけー
これこそ企業の経営管理プロセス!!

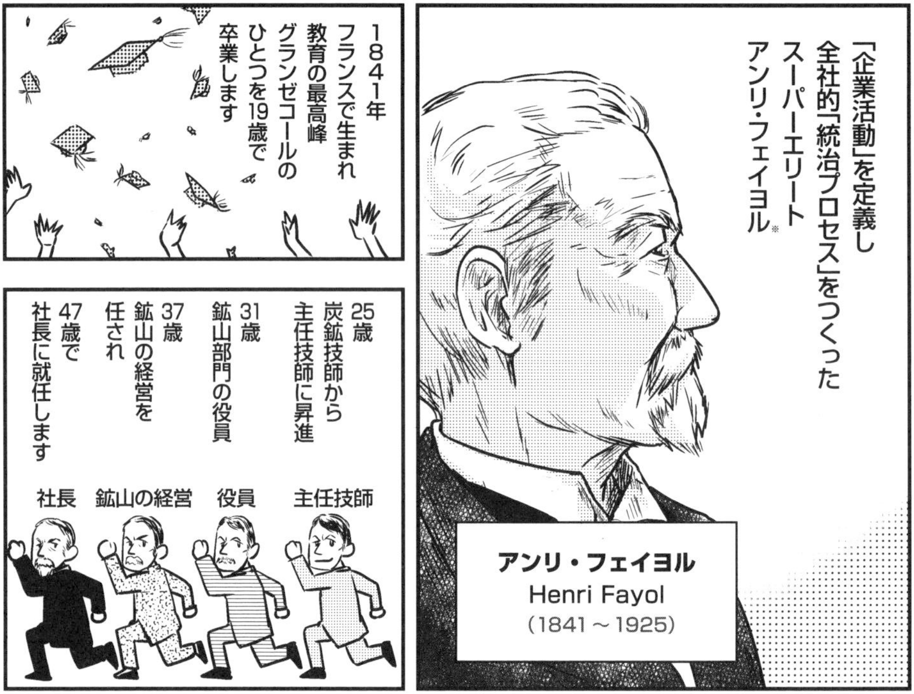
「企業活動」を定義し
全社的「統治プロセス」をつくった
スーパーエリート
アンリ・フェイヨル※
アンリ・フェイヨル
Henri Fayol
（1841～1925）
1841年
フランスで生まれ
教育の最高峰
グランゼコールの
ひとつを19歳で
卒業します
25歳
炭鉱技師から
主任技師に昇進
31歳
鉱山部門の役員
37歳
鉱山の経営を
任され
47歳で
社長に就任します
主任技師
役員
鉱山の経営
社長

※日本ではファヨールと書かれることが多いが、仏語発音に準じてフェイヨルとする

その頃の会社は
資源枯渇と技術革新対応に
苦しんでいました
やむをえない…
フェイヨルは
就任後さっそく
不採算部門の売却
新規事業や
高収益部門への集中
売却
売却
集中
集中
さらに増資・社債発行で
倒産寸前だった会社を
優良企業へと
転換させます

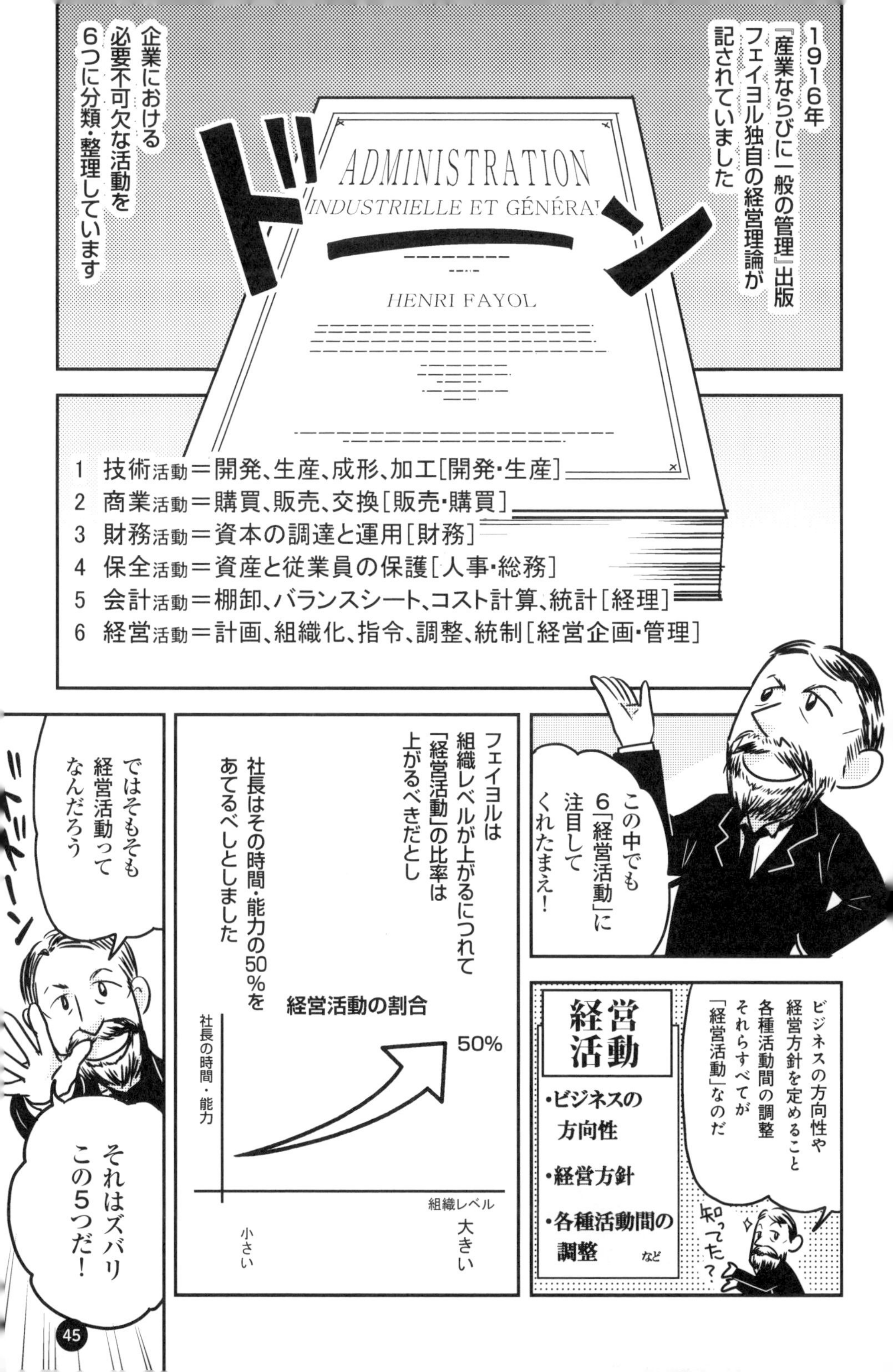
1916年『産業ならびに一般の管理』出版
フェイヨル独自の経営理論が記されていました
ドドーン
ADMINISTRATION
INDUSTRIELLE ET GÉNÉRAL
HENRI FAYOL
企業における必要不可欠な活動を6つに分類・整理しています
1 技術活動＝開発、生産、成形、加工［開発・生産］
2 商業活動＝購買、販売、交換［販売・購買］
3 財務活動＝資本の調達と運用［財務］
4 保全活動＝資産と従業員の保護［人事・総務］
5 会計活動＝棚卸、バランスシート、コスト計算、統計［経理］
6 経営活動＝計画、組織化、指令、調整、統制［経営企画・管理］
この中でも6「経営活動」に注目してくれたまえ！
フェイヨルは組織レベルが上がるにつれて「経営活動」の比率は上がるべきだとし
社長はその時間・能力の50%をあてるべしとしました
経営活動の割合
社長の時間・能力
50%
組織レベル
小さい
大きい
ではそもそも経営活動ってなんだろう
それはズバリこの5つだ！
ビジネスの方向性や経営方針を定めること
各種活動間の調整
それらすべてが「経営活動」なのだ
経営活動
・ビジネスの方向性
・経営方針
・各種活動間の調整
など
知ってた？

経営管理 Administration
アドミニストレーション
1. 計画 Planning → 2. 組織化 Organizing → 3. 指令 Commanding → 4. 調整 Coordinating → 5. 統制 Controlling
いいカンジ
人
モノ・金
いけー
オォー!
エラー多いな
対策うつぞ
ハイ
これこそ企業の経営管理プロセス!!
このPOCCCサイクルを回し続けることこそが企業を経営管理することなんだ!
C → P → O → C → C
それはどんな組織だって変わらないよ!
ドドーン
現在でも簡略化されたPDSサイクルやPDCAサイクルとして大いに用いられています
Plan → Do → See
Plan → Do → Check → Act
プロの経営者だったフェイヨルはテイラーやメイヨーのように工場や現場を管理範囲とするのではなく企業全体を統治しました
なので全体のマネジメントは…
コラコラコラ
マネジメントじゃなくてアドミニストレーションって言ってよ
ビシッ
わざとか!?
なので経営管理という意味に「マネジメント」ではなく「アドミニストレーション」という言葉を用います

また人間理解と関係管理の重要性を認識していました
チェック チェック
常に従業員や組織の状態に気を配りなさい！
は…
はい…
有名な「14の管理原則」では「原則11公平：公平とは公正に思いやりを込めたもの」としています
サッ
サッ
規則を守りつつも思いやりある配慮をしてこそ企業は統治できるのだ
思いやり
フェイヨルはのちのメイヨーの「人間関係論」をすでに取り入れていたのです

源流③フェイヨルが「組織活動」を定義し全社的な「統治プロセス」をつくった

サッ
サッ

01 鉱山経営のプロ、アンリ・フェイヨル

- テイラーとほぼ同じ時代を生き、そしてより大きなインパクトを近代マネジメントに与えた人物がいました。フランス人実業家のアンリ・フェイヨル（Henri Fayol、1841～1925）です。フランス教育界の最高峰、グランゼコールのひとつを19歳で卒業したフェイヨルは、鉱山会社で昇進を重ね、47歳で本社の社長に就任します。彼は倒産寸前だった同社を優良企業へと転換し、以来30年間、トップとしての責務を果たしました。
- フェイヨルは、50代後半からその豊富な経営経験を独自の経営理論にまとめ、その教育・普及に努めるようになりました。それらは『産業ならびに一般の管理』として1916年に出版されました。

02 功績：企業活動を６つに分け、「経営管理」プロセスを確立した

- フェイヨルは、企業における「必要不可欠な活動」を６つに分類・整理しました。
- ①技術（開発・生産）、②商業（販売・購買）、③財務（財務）、④保全（人事・総務）、⑤会計（経理）、⑥経営（経営企画・管理）、です。68年後にポーターが唱えたバリューチェーンそのものです。なかでも経営活動の明確化が画期的でした。ビジネスの方向性や経営方針を定めること、各種活動間の調整などはすべて経営活動だとしました。
- フェイヨルは企業の経営管理プロセスもPOCCCサイクルとして定義しました。
- ①計画（planning）、②組織化（organizing）、③指令（commanding）、④調整（coordinating）、⑤統制（controlling）です。この「POCCCサイクル」を回し続けることが企業を経営・管理するということであり、それは組織に寄らず普遍的である、というのが彼の主張でした。

03 テイラーは工場を管理し、フェイヨルは企業と人を統治した

- テイラーの限界は、その時代背景からくる管理内容（作業と賃金と生産性のみ）や手法の「偏り」にもありましたが、その管理範囲の「狭さ」にもありました。彼の関心は主に工場や現場内の生産性向上であり、工場叩き上げの技術コンサルタントだったテイラーは、結局その枠を大きくはみ出ることはしませんでした。
- フェイヨルは違います。もともとがプロの経営者ですから、管理範囲は企業全体です。だから経営・管理に対して「マネジメント」でなく「アドミニストレーション（administration）」という言葉を用いました。
- そして後（のち）に出てくるメイヨーの人間関係論を待つことなく、人間理解と関係管理の重要性を認識していました。マネジャーたちに「常に従業員や組織の状態に気を配る」ことを求め、有名な「14の管理原則」では「原則11公平：公平（equity）とは公正（justice）に思いやりを込めたもの」としています。規則を守りつつも、思いやりある配慮をしてこそ企業は統治（governing）できるというのが、経営者としての彼の学びでした。

Chapter 1

Chapter 2

Chapter 3

Chapter 4

第2章

近代マネジメントの創世

経営戦略の真の父 アンゾフと最初の経営史家 チャンドラー

アンゾフ

ヘイ！ チャンドラー、キミとは生まれた年、一緒だよね。
ボクが3カ月遅いけど。

チャンドラー

まあ、お互い長生きして、いろんなものを見て、
いろんなことを考えて、いっぱい論文や本を
出したよねえ。

アンゾフ

もちろん先輩方の業績が素晴らしかった。テイラーさん、メイヨーさん
はもちろん、フェイヨル先輩（1841 ～ 1925）が凄かったよね。
フランス人だったせいもあって、英語圏ではあんまり有名に
ならなかったけど、企業活動を「技術」から「管理」の6つにきれいに
分けた（『産業ならびに一般の管理』1917）。

チャンドラー

そしてその「経営」とは他の5つの活動および全体に対する「計画、組織化、
指令、調整、統制」だと。まさにバリューチェーンそのものだね。
そのサイクルを回していくことが、どの企業でも使える経営管理方法だと
見切った。さすが叩き上げ経営者！

アンゾフ

同じく叩き上げ経営者だったバーナード先輩（1886 ～ 1961）も
偉いよねえ。これまでは内部統制が中心だったところに、
「経営とは外部環境への適応を図る活動だ」と言い切った。
そして、組織がうまく回るには「共通目的」「貢献意欲」
「コミュニケーション」が必須だって。いわゆる「バーナード革命」だ。
格好いいなあ。

チャンドラー

そしてアンゾフ、キミの最初の貢献は、その「共通目的」としての経営戦略
の在り方を明らかにしたことかな。

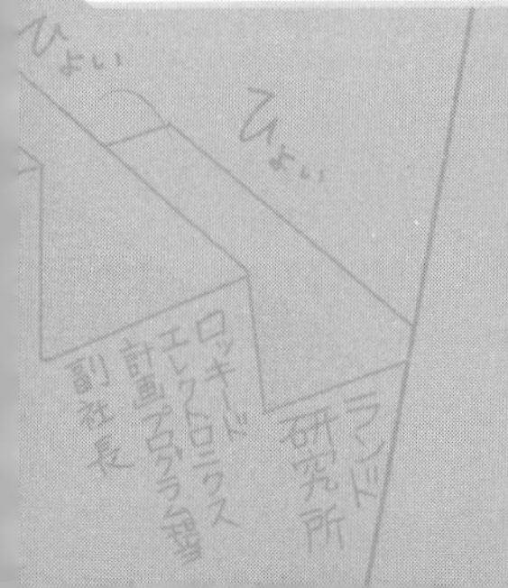
ひょい
ひょい
ロッキード
副社長
ランド研究所

成長のベクトルとしての「アンゾフ・マトリクス」

アンゾフ

そうかもしれない。ロッキードで多角化研究もやったんだけど、みんな企業としてどっちに進みたいのかてんでバラバラでさ、それをなんとかしなくちゃと思ったんだ。新しい事業に取り組むのか否か、なんていうことは、そのリスクとリターンを一からちゃんと考えて、意思決定しなくちゃいけない。

チャンドラー

そして「アンゾフ・マトリクス」が生まれたと。

アンゾフ

そう（笑）。これまでの強みがまったく生きないところに成長のベクトルを向けるなんて大変なことだ。今自社は、どんな顧客を相手に、どんな製品を提供しているのか。まず自分が何をやっているのかを理解した上で、そこからどっちに向かうのかを考えるためのマトリクスだね。自分の強みに立脚した成長戦略とも言えるね。

チャンドラー

でも言いたかったことは「安全な本業への集中」だけじゃなかったよね。リスクを覚悟した上で多角化を成功させようということでもあったんじゃない？

アンゾフ

その通り。チャンドラーもそうでしょ。経済史でなく、企業に光をあてた「経営史」というものをアメリカで確立したのはキミだよね。そのお陰で企業家たちが「泥棒男爵」から「先見（せんけん）の明（めい）を持った産業界のリスクテイカー」に昇格した。

チャンドラー

それを気づかせてくれたのはシュンペーター博士さ。彼の『経済発展の理論』（1912）は、企業家たちのイノベーション（技術革新）への取り組みこそが経済発展の原動力だと言っていた。

アンゾフ

さらにキミは企業経営の大変化から、深い洞察を試みた。

チャンドラー

思ったんだ。なぜ昔（19 世紀）は管理職などいなかったのに今はいるのだろう、なぜ昔は集権組織しかなかったのに今は分権化しているのだろう、って。デュポンもGMもシアーズも多くの大企業が事業部制になった。
そこにはきっと強い理由があるはずだ。それをボクは見い出したかった。
戦略と組織の間には、極めて強い関係があるはずだから。

組織は戦略に従うのか？

アンゾフ

ところでチャンドラー、キミの主著『Strategy and Structure』（1962）は日本語では『組織は戦略に従う』って訳されてるんだよ。知ってるかい？

チャンドラー

う〜ん、知ってる。それはちょっと困ってることなんだよねえ。新版（1989）の序文にも書いたけれど、ボクが言いたかったことは「組織と戦略は互いに大きく影響する」「戦略は外部環境に従って大きく変わるし、変えやすい」「でも組織はなかなか変わらないから、その妨げになることが多い」ということ。

アンゾフ

ふむふむ。

チャンドラー

さらには「組織が変わることで戦略が変わることも多い」とも。事業部制を取り入れると多角化が簡単になるから一気に進むんだ。なのに、も〜。

アンゾフ

ま、刺激的な表現がみんな好きだからね。ボクだって「さまざまな状況の中で、どう戦略と組織・ヒトを結びつけていくか」、を何十年も研究し続けてずっと発信していたけれど、みんなに届いたのは「アンゾフ・マトリクス」だけだもんなあ（ぶつぶつ）。

01 Taylor
02 Ford
03 Mayo
04 Fayol

05 Barnard
06 Drucker
07 Ansoff
08 Chandler
09 Bower
10 Andrews
11 Kotler
12 Henderson
13 Gluck
14 Porter
15 Canon-Honda
16 Peters
17 Bmarking-Robert
18 Stalk
19 Hammer
20 Hamel-Prahalad
21 Foster
22 Terman
23 Senge-Nonaka
24 Barney

「経営戦略」で世界恐慌を乗り切った

チェスター・バーナード

41歳 ベル子会社の社長、20年間活躍

52歳『経営者の役割』出版。
共通の目的＝経営戦略、などとし
「バーナード革命」と呼ばれる

企業体は単なる組織の集まりではなくシステムとして動かさなくてはならない
キラリ
共通の目的(=経営戦略)※
・共通の目的
・貢献意欲
・コミュニケーション
そのためにはこの3つ
バーン
君らは自ら目的をつくらなくてはなりません
オオオッ
そしてそれを実現するために作戦を考え連絡を密にし士気(モラール)を高めなさい

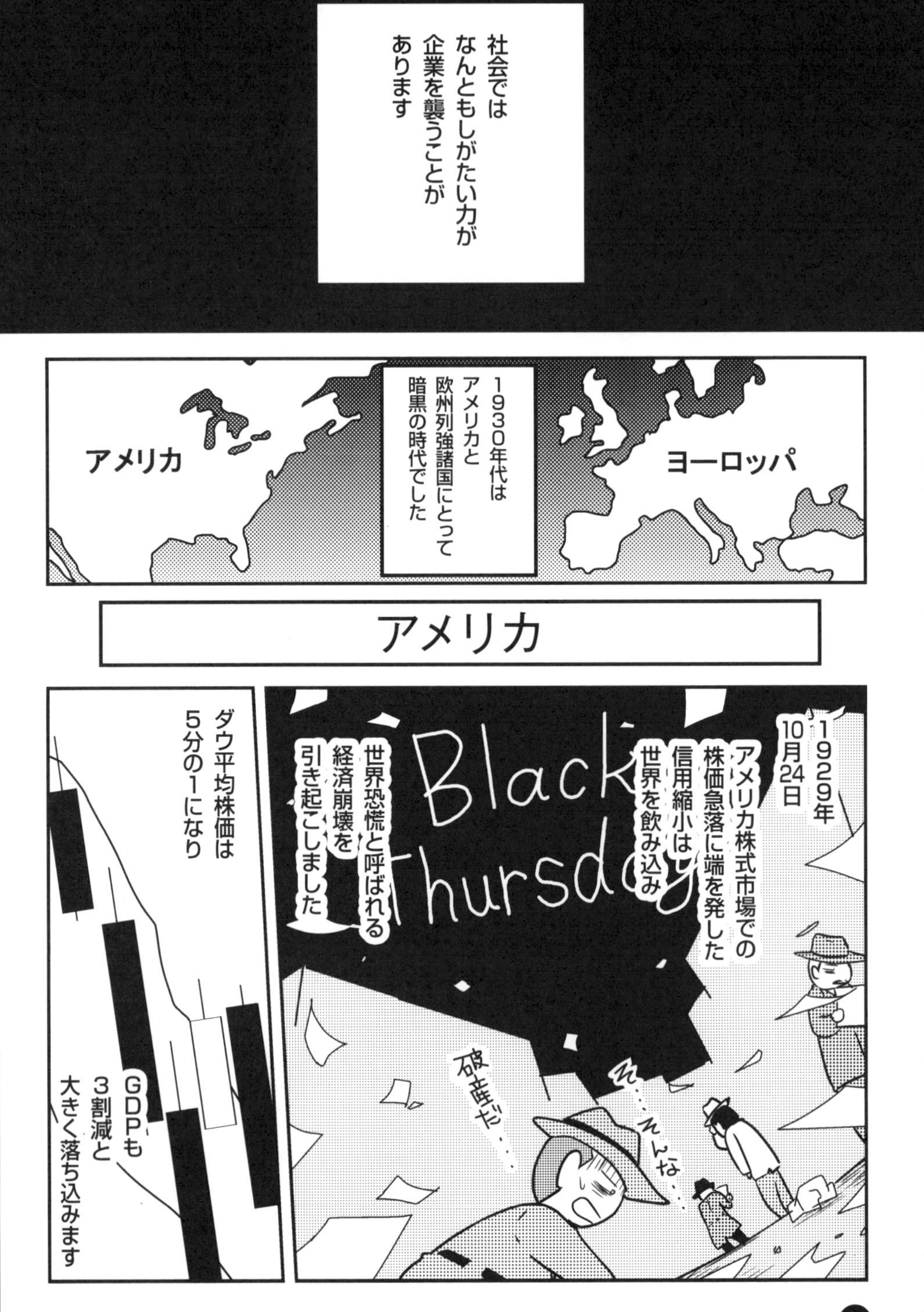
社会では
なんともしがたい力が
企業を襲うことが
あります
1930年代は
アメリカと
欧州列強諸国にとって
暗黒の時代でした
ヨーロッパ
アメリカ
アメリカ
1929年
10月24日
アメリカ株式市場での
株価急落に端を発した
信用縮小は
世界を飲み込み
Black Thursday
世界恐慌と呼ばれる
経済崩壊を
引き起こしました
そ…そんな…
破産だ…
ダウ平均株価は
5分の1になり
GDPも
3割減と
大きく落ち込みます

イギリス・フランス

イギリスも大打撃を受けました
英
他の国のモノは安いから入っちゃダメ!!
1931年以降旧植民地各国によるブロック経済化を進めます
高い関税
需要の囲い込みを図ったのですがこれは国際的な分業を阻害して世界経済の効率性を失わせただけでなく
うちだって同じだぞ!
米
英
自分の国がとにかく大切
武力によるブロック間の需要の奪い合いが生まれました
他国など関係ないざます
仏

ドイツ

ドイツでは第一次世界大戦後の巨額の賠償金支払いに加え
ドスン
賠償金
ギャー!
アメリカ・フランス資本の撤退で経済は破綻失業率は40%を超えます
仕事をくれー!!
働かせてくれ!!
Arbeit
Hilfe
誰かたすけてー
これがヒトラー率いるナチスの台頭を招き第二次世界大戦へとつながります
1930年代は外部環境の変化で多くの企業が倒産しました
外部環境
たえられない〜

しかし一方で外部環境の変化に対応した会社もありました
ピンチはチャ〜ンス
それ行け!!
GM
GMの中興の祖アルフレッド・スローンは多ブランド戦略や自動車ローンの提供で需要喚起に成功しシェアを大きく伸ばしました
キャデラック
オールズモビル
ポンティアック
ビュイック
シボレー
アルフレッド・スローン
Alfred Sloan
(1875〜1966)
ついにはT型フォードでの単品経営にこだわったフォードを抜き去りますスローンの分権経営の勝利でした
Lose
そんなバカな…
Win
イエーイうまくやったぜ
このように外部環境の大きな変化に対しての経営者の方針が企業の命運を決めたのです
世界恐慌で苦しむトップたちを『経営者の役割』で鼓舞したのがバーナードでした
外部環境を言い訳にしてはいかん
トップの役割は重いのだ!
チェスター・バーナード
Chester L.Barnard
(1886〜1961)
バーナードは1927年(41歳)から20年間ベル子会社の社長を務め発展に貢献しました
『経営者の役割』を出版したのは社長在任中でした
THE FUNCTIONS OF THE EXECUTIVE
BY
Chester I. Barnard

企業体は単なる組織の集まりではなくシステムとして動かさなくてはならない
キラリ
そのためにはこの3つ
・共通の目的(=経営戦略)※
・貢献意欲
・コミュニケーション
バーーン
経営者たちよ
君らは自ら目的をつくらなくてはなりません
オオオッ
そしてそれを実現するために作戦を考え連絡を密にし士気(モラール)を高めなさい
当時「組織に『共通の目的(=経営戦略)』を与えるのは経営者の役割」という考え方は画期的なものでした
パチ パチ パチ
パチ パチ パチ
パチ パチ
バーナードは経営学の古典理論・新古典理論と近代マネジメント論をつなぐ結節点なのです
そりゃあ!
近代マネジメント
ギュ
古典理論 テイラー
新古典理論 メイヨー フェイヨル

※戦略(Strategy)という軍事用語を初めて経営に用いた

世界恐慌が「バーナード革命」を生んだ

01 列強各国、暗黒の1930年代。スローン率いるGMの興隆

古典理論 テイラー
新古典 メイヨー
理論 フェイヨル

- 1929年10月24日のアメリカ株式市場での株価急落（Black Thursday）に端を発した信用縮小は、あっという間に世界を巻き込み、世界恐慌と呼ばれる経済崩壊を引き起こしました。第一次世界大戦（WWI）後の好景気でバブル状態だったアメリカのダウ平均株価は5分の1となり、GDPも恐慌前の3割減と大きく落ち込みました。
- 企業経営者たちはこのとき「外部環境」というものの恐ろしさを思い知りました。自社1社ではなんともしがたい力が企業を襲い、多くが倒産の憂き目に遭いました。下り坂にあったフォードは世界恐慌に際し、在庫を抱えて方針転換もままならず、その傷を拡げましたが、アルフレッド・スローン（Alfred Sloan、1875 ～ 1966）率いるGMは、マーケティング（多ブランド戦略）や在庫管理に成功してそのシェアを伸ばしました。
- 大きな外部環境変化に対して、経営者がどういった方向を打ち出し、どう対処するかで企業の命運が決まった10年でもありました。そう、それこそがフェイヨルの考えた「計画」であり「経営戦略」だったのです。

02 1938年「バーナード革命」。経営戦略とは「共通の目的」である

- このことを明確にしたのがチェスター・バーナード（Chester L.Barnard、1886 ～ 1961）でした。彼もフェイヨルと同じく経営のプロでした。1927年から20年間、ベル子会社の社長を務め、その発展に貢献しました。社長在任中に出版した『経営者の役割』（1938）は、世界恐慌で苦しんだ経営者たちを鼓舞するものでした。君らの役割は重い、と。
- 彼は企業体を単なる組織でなくシステムとして定義しました。そしてその成立要件として「共通の目的（＝経営戦略）」「貢献意欲」「コミュニケーション」の3つを挙げました。経営に対して「戦略（Strategy）」という軍事用語を用いたのは彼が最初です。経営者は自ら目的をつくらなくてはなりません。そしてそれを実現するために作戦を考え、連絡を密にし、士気（モラール）を高めるわけです。自らの組織（システム）に「共通の目的（経営戦略）」を与えるのは経営者の役割なのだという考え方自体が当時、画期的なものでした。
- 彼は経営学の古典理論（テイラーなど）・新古典理論（メイヨー、フェイヨルなど）と、この後の近代マネジメント論をつなぐ結節点として捉えられています。
- さて、ここからいよいよ「経営戦略論」の登場です。まずは時代を超えた巨人、ドラッカーから。

01 Taylor
02 Ford
03 Mayo
04 Fayol
05 Barnard

06 Drucker
07 Ansoff
08 Chandler
09 Bower
10 Andrews
11 Kotler
12 Henderson
13 Gluck
14 Porter
15 Canon-Honda
16 Peters
17 Bmarking-Robert
18 Stalk
19 Hammer
20 Hamel-Prahalad
21 Foster
22 Terman
23 Senge-Nonaka
24 Barney

「マネジメント」の伝道師

ピーター・ドラッカー

22 歳 公法・国際法の博士号。
新聞社で働き始める

28 歳 アメリカに渡る

37 歳 GM を研究し『会社という概念』出版

46 歳『現代の経営』で
マネジメント分野のリーダーに

65 歳『マネジメント』出版。
日本だけで 400 万部以上

1943年
リーン
リーン
ドラッカーさん GMの者ですが
ん!
われわれの経営方針や組織について
第三者的な目で調査してくれませんか

「マネジメント」の有用性を
世に広めた
〝伝道師〟ドラッカー
ピーター・ドラッカー
Peter F.Drucker
(1909～2005)

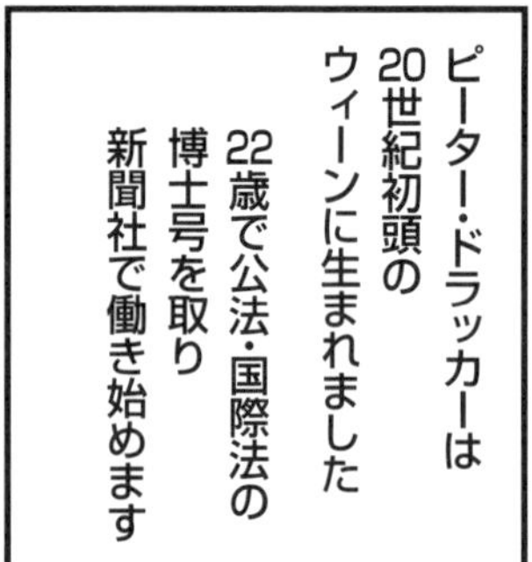
ピーター・ドラッカーは
20世紀初頭の
ウィーンに生まれました
22歳で公法・国際法の
博士号を取り
新聞社で働き始めます
28歳でアメリカに渡り
数々の大学で教えながら
執筆を続けていました

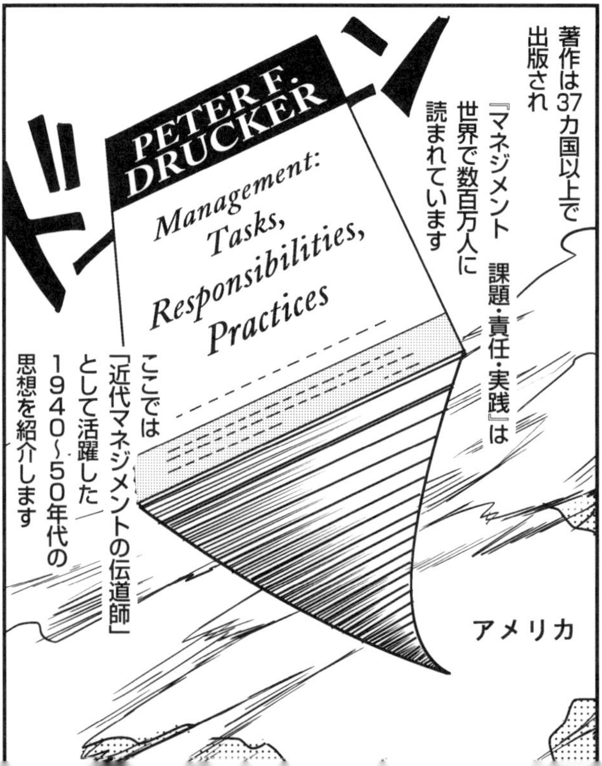
著作は37カ国以上で
出版され
『マネジメント　課題・責任・実践』は
世界で数百万人に
読まれています
ドーン
PETER F. DRUCKER
Management: Tasks, Responsibilities, Practices
アメリカ
ここでは
「近代マネジメントの伝道師」
として活躍した
1940～50年代の
思想を紹介します

1943年
カリ
カリ
カリ
カリ
リーンリーン
誰だ いいとこなのに
ドラッカーさん GMの者ですが
ん!
われわれの経営方針や組織について第三者的な目で調査してくれませんか
ちょうどよかった 実証研究をやりたかったんです 喜んで引き受けましょう
ラッキー
こうして18カ月間にわたる調査プロジェクトがスタートします
どーれ
いろいろチェックしちゃうぞ
GM
General Motors

オー
フーム
キッ
ムム
カリ
カリ
さすがGMだ
世界中の企業が真似するだけある
ー研究結果報告会
事業部による分権経営の手法は見事でした
そうでしょうそうでしょう
GM
GM
ただ…
!

GMは作業者を利益追求のための（削減すべき）コストとして考えているのは問題です
作業者は人間であり活用すべき経営資源なんです
!!
作業者が経営資源だって…
バカな…
さらに
キラリ
命令と管理を重視する官僚主義に陥っており将来の急激な変化に対応できません
従業員らに権限委譲しさらに自己管理させる体制が必要でしょう
…
プル
プル
ガタッ
冗談じゃない
そんなことできますかっ！
もう結構です!!
…

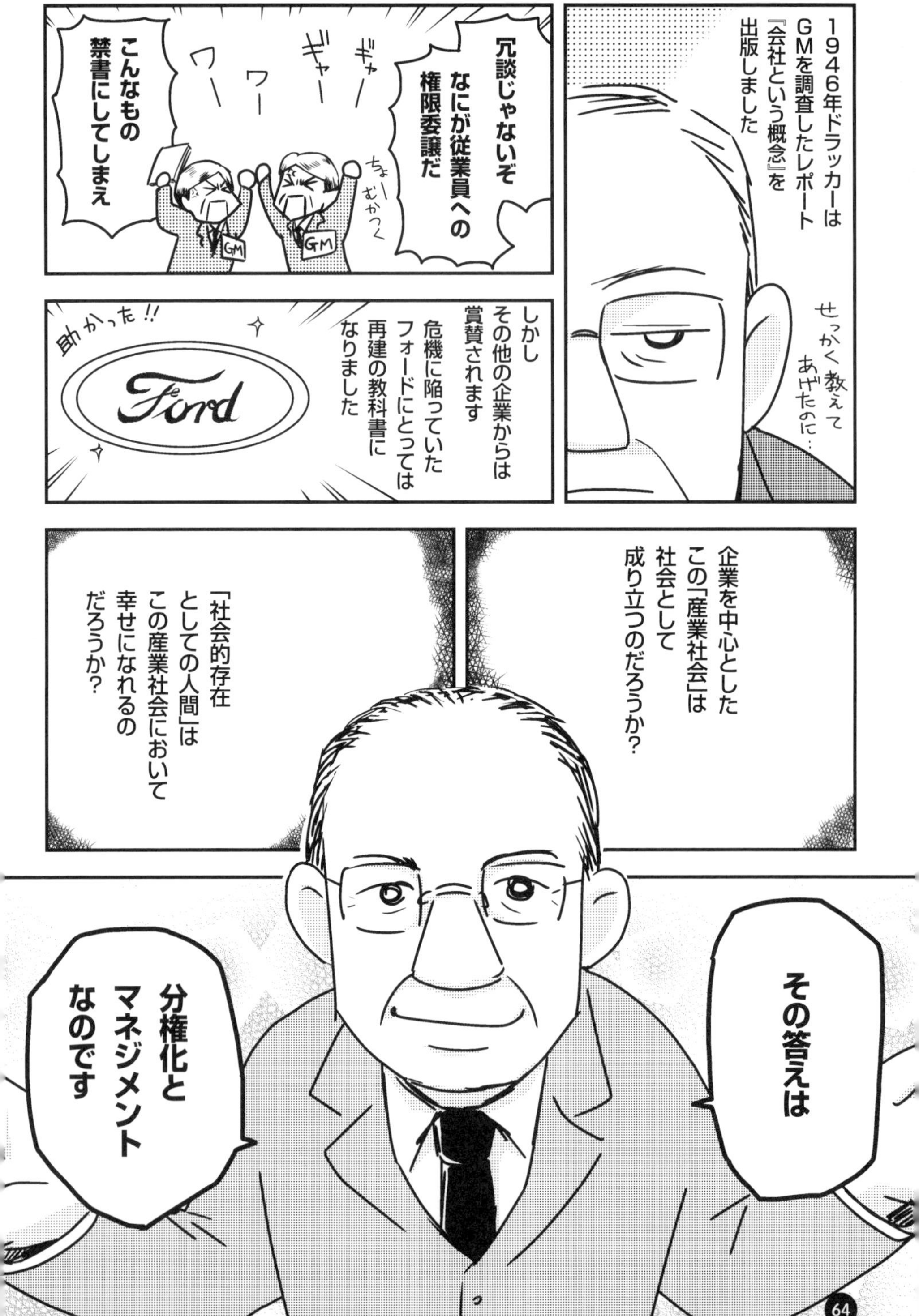
1946年ドラッカーは
GMを調査したレポート
『会社という概念』を
出版しました
せっかく教えてあげたのに…
冗談じゃないぞ
なにが従業員への
権限委譲だ
ギャー
ギャー
ワー
ワー
ちょーむかつく
GM
GM
こんなもの
禁書にしてしまえ
しかし
その他の企業からは
賞賛されます
危機に陥っていた
フォードにとっては
再建の教科書に
なりました
助かった!!
Ford
企業を中心とした
この「産業社会」は
社会として
成り立つのだろうか?
「社会的存在
としての人間」は
この産業社会において
幸せになれるの
だろうか?
その答えは
分権化と
マネジメント
なのです

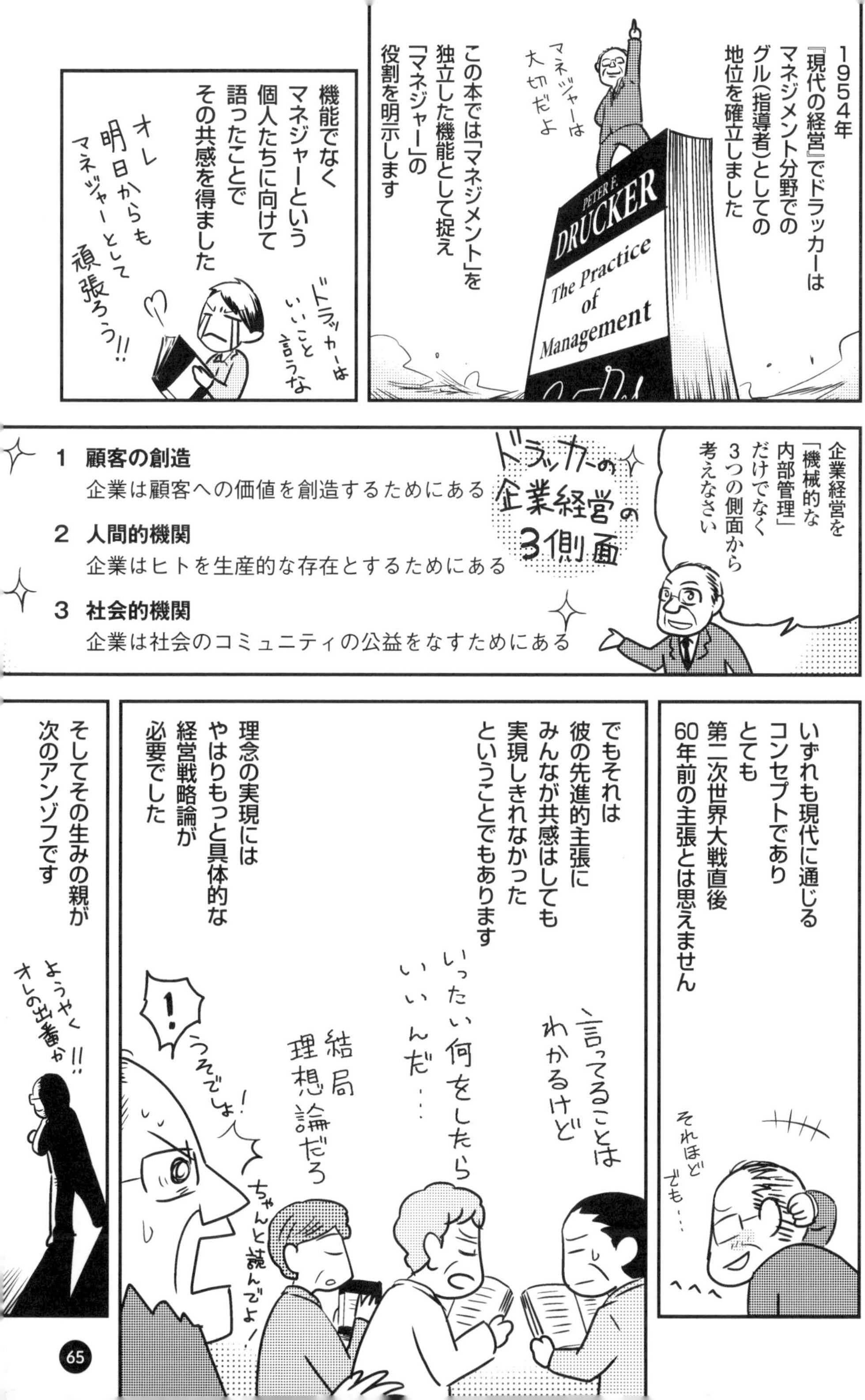
1954年『現代の経営』でドラッカーはマネジメント分野でのグル(指導者)としての地位を確立しました
マネジャーは大切だよ
PETER F. DRUCKER
The Practice of Management
この本では「マネジメント」を独立した機能として捉え「マネジャー」の役割を明示します
機能でなくマネジャーという個人たちに向けて語ったことでその共感を得ました
オレ明日からもマネジャーとして頑張ろう!!
ドラッカーはいいこと言うな
企業経営を「機械的な内部管理」だけでなく3つの側面から考えなさい
ドラッカーの企業経営の3側面
1 顧客の創造
企業は顧客への価値を創造するためにある
2 人間的機関
企業はヒトを生産的な存在とするためにある
3 社会的機関
企業は社会のコミュニティの公益をなすためにある
いずれも現代に通じるコンセプトでありとても第二次世界大戦直後60年前の主張とは思えません
それほどでも…
でもそれは彼の先進的主張にみんなが共感はしても実現しきれなかったということでもあります
言ってることはわかるけど
いったい何をしたらいいんだ…
結局理想論だろ
理念の実現にはやはりもっと具体的な経営戦略論が必要でした
!
うそでしょ!
ちゃんと読んでよ!
そしてその生みの親が次のアンゾフです
ようやくオレの出番か!!

ドラッカーは「マネジメント」の有用性を世に広めた伝道師

01 1946年『会社という概念』で王者GMの危うさを示した

- ピーター・ドラッカー（Peter F.Drucker、1909 ～ 2005）は20世紀初頭のウィーンに生まれ育ち、95歳で亡くなるまでに33冊以上の著作を発表し、世界のマネジメント界に巨大な足跡を残しました。
- 1946年の『会社という概念（Concept of the Corporation）』※1は、GMがドラッカーに依頼した自社研究のレポートです。GMが採用していた事業部制の素晴らしさがわかります。**大企業を管理する分権経営の手法として見事**でした。しかしドラッカーは「GMは作業者を利益追求のための（削減すべき）コストとして考えているが、作業者は活用すべき経営資源である」「GMは命令と管理を重視する官僚主義に陥っており、将来の急激な変化に対応できない」とし、従業員たちへのさらなる権限委譲と自己管理の必要性を提起しました。
- GM幹部たちからは大いに不興（ふきょう）を買い「禁書（きんしょ）」扱いもされましたが、GM以外では「分権化」の必読書として賞賛され、危機に陥っていたフォード再建の教科書ともなりました。ドラッカーが、当時まだなじみの薄かった「マネジメント」というものの専門家として認められた出世作が、この本でした。彼は問いました。企業を中心としたこの「産業社会」は、社会として成り立つのだろうか？　そして「社会的存在としての人間」は、この産業社会において幸せになれるのだろうか？と。分権化とマネジメントが彼の答えでした。

02 1954年『現代の経営』で企業とマネジャーの存在意義を明示した

- 8年後の『現代の経営』でドラッカーは、シアーズやAT&Tという「新しい」成功企業たちを詳細に紹介しながら言いました。経営管理者の仕事こそが事業に命を与え、そのリーダーシップがあってこそ資源たるヒト、モノ、カネが動き出すのだと。この本は「マネジメント」を独立した機能として捉え、「マネジャー」たちの役割を明示しました。内容としてはフェイヨルのそれと似たものでしたが、機能でなくマネジャーという個人たちに向けて語ったことでその共感を得ました。

PETER F.
DRUCKER
The Practice of Management

- さらにドラッカーは、企業経営を「機械的な内部管理」だけでなく、大きく3つの側面から考えるべきだと主張しました。
  ①企業は顧客に価値を創造するためにある（顧客の創造）
  ②企業はヒトを生産的な存在とするためにある（人間的機関）
  ③企業は社会やコミュニティの公益をなすためにある（社会的機関）
- いずれも現代に通じるコンセプトであり、①はマーケティングの根本であると同時にイノベーションの勧めであり、③はCSR（Corporate Social Responsibility 企業の社会的責任）としてまさに今現在のテーマです。
- 裏返せば、それは彼のコンセプトに現実の企業が追いついていけなかった、ということでもありますが、それはドラッカーのせいではありません。彼は研究家であり教育者であり、そして何より著述家・文筆家なのです。**有用なコンセプトをつくり、まとめ、伝えることこそがドラッカーのミッションだったのです。その実現はわれわれの仕事です。**
- いよいよ次はアンゾフの登場です。彼こそは「経営戦略論の父」といえる存在なのです。

※1 日本での新訳版の書名は『企業とは何か』。

「経営戦略論」の真の父

イゴール・アンゾフ

32歳 数学と物理を修めランド研究所に。

38歳 ロッキードに移り多角化研究。
ロッキード・エレクトロニクスを立て直す

45歳 カーネギー工科大学 教授に就任。
「ギャップ分析」「アンゾフ・マトリクス」
などを生む

まず3Sとは企業における意思決定を3種類に分けたことです
3Sモデル：
戦略 Strategy
組織 Structure
システム Systems
後の7Sモデルの元にしています
トム・ピーターズ

「経営戦略」の真の父アンゾフ
イゴール・アンゾフ
H. Igor Ansoff
（1918～2002）
イゴール・アンゾフはロシアから家族とともに海を渡ってきました
米
彼は数学と物理学の修士号 そして応用数学の博士号を持ち 32歳から米陸軍お抱えのランド研究所で6年間働きます
数学修士号
物理学修士号
応用数学博士号
ランド研究所
さらにロッキードで「多角化問題の基礎研究」
ロッキード・エレクトロニクスで「計画・プログラム担当」副社長
最終的にはエンジニアリング部門の実質的経営者（ジェネラルマネジャー）
赤字部門を収益部門へと見事に変身させました
ひょい
ひょい
ランド研究所
ロッキード・エレクトロニクス 計画・プログラム担当 副社長
エンジニアリング部門 ジェネラルマネジャー
13年間 実業界で華々しい活躍をした後
1963年 45歳で 学術界へ転向します
ジャーン
学術界に殴り込みだ！
先生…それ生徒用です

当時欧米の経済は大いに発展していました
また規制緩和によって企業の多くは買収・合併を経験するようになります
買収
合併
規制緩和
1957年にはローマ条約によって欧州経済共同体(EEC)が創設され欧州はひとつの大市場へと変わりました
海外売上
その結果海外売上比率が上がります
「現状の延長」では対応できない複雑な市場と事業の多角化に明確な答えを提供したのがアンゾフの『企業戦略論』(1965)でした
Corporate Strategy
H. Igor Ansoff

それでは説明しましょう
経営・企業戦略の意味は大きく4つあるんです
①3Sモデル
②ギャップ分析
③企業戦略
④競争力の源泉

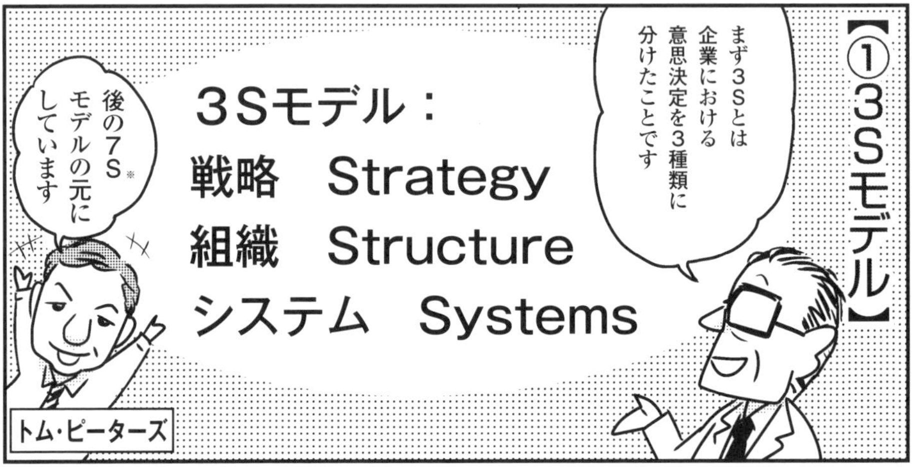

【①3Sモデル】
まず3Sとは企業における意思決定を3種類に分けたことです
3Sモデル：
戦略　Strategy
組織　Structure
システム　Systems
後の7S※モデルの元にしています
トム・ピーターズ

※163頁参照

【②ギャップ分析】
さらに大切なのがトップマネジメントの責務である戦略的意思決定です
経営戦略は「現在と未来をつなぐ方針」
現在でも「ギャップ分析」としてあらゆる場面で使われていますよ
ドドーン
あるべき姿
To Be
Gap
ギャップ
現状
As Is

【③企業戦略】
①各事業の方針を決める「事業戦略」
目的
②それら全体を管理・統合する「企業戦略」
企業が複数の事業を持つことが多くなった時代だったので経営戦略を2つに分けました
チェック チェック
目的
あれはまとめていいだろう

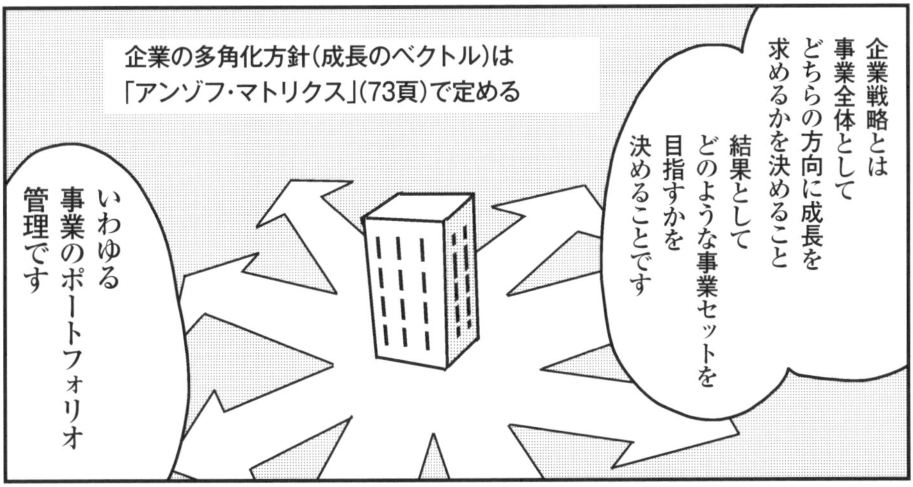
企業の多角化方針（成長のベクトル）は「アンゾフ・マトリクス」（73頁）で定める
企業戦略とは事業全体としてどちらの方向に成長を求めるかを決めること
結果としてどのような事業セットを目指すかを決めることです
いわゆる事業のポートフォリオ管理です

【④競争力の源泉】
既存の企業活動の中でもコアとなる強み
ハァ ハァ
ぴゅう
コアになる強みがなければ競争にならないよ

さて私は
今の強みが生きてこそ
将来の外部機会(オポチュニティ)を
捉えうる
―と考えています
ゆえに成功する
経営戦略には4つの
「戦略的要素」が
必要なんです

これが成功する
経営戦略の
4要素だ

① 製品・市場分野(ドメイン)と自社能力の明確化

企業がどの事業や製品に力を入れているのかを正しく理解する

② 競争環境の特性理解

競争を優位に進めるには競争環境がどのような性質を持つのかを理解する

③ シナジーの追求

多角化の際、既存事業と「結びつけると効果・効率が上がる」相乗効果が必要

④ 成長のベクトルの決定

既存ビジネスとのシナジーからリスクを判断し、成長(多角化など) の方向づけを考える

ちなみに最初に
事業間の相乗効果を
シナジーと呼んだのは
私なんだよ
合体
相乗効果
A社
B社
売上UP!!
でもアンゾフが
知られているのは…
1957年
39歳のときに発表した
「アンゾフ・マトリクス」です
できた!

じゃーん

		製品	
		既存	新規
ミッション（市場）	既存	① 市場浸透戦略	③ 製品開発戦略
	新規	② 市場開拓戦略	④ 多角化戦略

企業戦略を考えるための経営戦略ツールがアンゾフ・マトリクスです

増えてきた多角化事業を
企業全体としてどちらの方向に持っていけばいいんだぁ
彼らのように悩んでいる企業を救ってあげたかったんです

アンゾフは戦略の基本原則であった「既存事業とのシナジー」で4つに分けました

① 市場浸透戦略：既存の市場（顧客）を相手に、既存の製品で戦う

② 市場開拓戦略：既存の製品を、新しい市場（顧客）に売り込む

③ 製品開発戦略：既存の市場（顧客）に、新しい製品を開発し売る

④ 多角化戦略：新しい市場（顧客）に、新しい製品を開発し投入する

④が狭義の多角化
②③④が広義の多角化
と呼ばれます

④多角化戦略はハイリスクだからリスクをよく考えて行えー！
④多角化戦略
行うなら最大限シナジーの発揮を目指すのだ!!
はっはいっ！

1979年
アンゾフは61歳で
『戦略経営論』を
世に出します
ドン
STRATEGIC MANAGEMENT
HIGOR ANSOFF
うん
かっこよく写ってる
『企業戦略論』は狭すぎた
戦略的に企業を
経営するには
もっと統合的な
アプローチが必要だ
そして何より外部環境の
「乱気流度合い」に合わせて
企業の戦略や組織は
「同じレベルで」
変わらねばならない
これはモテる
ニヤリ
戦略だけが先に進んでも
組織だけが先に進んでも
失敗する
これは70～90年代に
盛んになる
「ポジショニング派」VS
「ケイパビリティ派」
の戦いに対する
答えでもありました
キィン
キィン
ポジショニング
ケイパビリティ
ポジショニング重視でも
ケイパビリティ重視だけでも
失敗する
その両方が環境に
合わせて
歩調を揃えなくては
失敗するのです
ポジちゃんごめんね
ケイちゃんこちらこそ

今後の登場人物の
ほとんどの
戦略コンセプトは
アンゾフによって
その原型が
生み出されたといっても
過言ではありません

知られてないけどね

バーニー
・RBV擁する
ケイパビリティ派の番長
※216頁参照

ルメルト
・無関連多角化(④)は
関連多角化(②③)より低収益性
※153頁参照

ヘンダーソンとBCG
・外部環境と競争を組み合わせた
「成長・シェアマトリクス」
※118頁参照

ハメルとプラハラード
・自社の「強み」を探究した
コア・コンピタンス論
※190頁参照

キムとモボルニュ
・バリューイノベーションで
ブルー・オーシャンを目指せ！
※革新篇40頁参照

ピーターズとウォーターマン
・アンゾフの３Sを拡大・詳細化した
「７Sモデル」
※162頁参照

クレイトン・クリステンセン
・現代最高のイノベーション研究者
※革新篇92頁参照

「経営戦略論」の真の父 アンゾフ

001

市場と事業が複雑化した「黄金の1960年代」にアンゾフ登場

- 20世紀、アメリカは世界から人材を集め続けました。1922年にオーストラリアからメイヨーが、37年にウィーンからドラッカーが、そしてその前年には、ロシアからイゴール・アンゾフ（H.Igor Ansoff、1918～2002）が海を渡りました。彼は数学と物理の修士号、そして応用数学の博士号を取ったあと、1950年から米陸軍お抱えのランド研究所で6年間働きました。1963年にカーネギー工科大学の教授となるまでの13年間、彼は実務・実業経験を積んでいきました。学術界に転向したとき、すでに彼は、「実証済み」の戦略構築の方法論やコンセプトを携えていたのです。
- 1960年代、欧米の経済は大いに発展し、規制が緩和され、企業は多くの買収・合併を経験するようになりました。ローマ条約（1957）によって欧州共同市場（EEC）が創設されて欧州は大きな市場となり、企業はみな海外売上比率が上がりました。
- この複雑な状況（市場と事業の多様化）の中でどう戦略を立てるのか。アンゾフはそこに答えを提供したのです。1965年『企業戦略論』でのことでした。

002

『企業戦略論』は企業としての競争の意味と方向性を示した

- アンゾフは『企業戦略論』で企業としての意思決定を、「3つの階層（3Sモデル：Strategy、Structure、Systems）で、将来と今の差を捉え（ギャップ分析：As IsとTo Be）、事業群全体の方向性を示す（成長のベクトル：アンゾフ・マトリクス）ことだ」と唱えました。その上でアンゾフは、競争における基本的考え方を示しました。「競争に勝つにはコアとなる強みがなくてはならない」と。
- 1979年『戦略経営論』では、それらを拡張して、外部環境の「乱気流度合い※2」に合わせて、企業の戦略や組織は「同じレベルで」変わらねばならないと結論づけました。「ポジショニング重視だけでもケイパビリティ重視だけでも失敗する。その両方が、環境に合わせて歩調を合わせなくてはダメだ。環境の乱気流の度合いが激しければ、戦略は創造的・試行錯誤的になる」と。

003

アンゾフの子どもたち

- これ以降登場する**ほとんどの戦略コンセプトは、アンゾフによってその原型が生み出されたと**言っても過言ではありません。たとえその子や孫たちが、厳父（げんぷ）の存在に気づいていなかったとしても……。
- ポーター、ルメルト、BCGとマッキンゼー、ピーターズとウォーターマン、ハメルとプラハラード、バーニーも、そしてクレイトン・クリステンセンやキム＆モボルニュも、みなすべてアンゾフの子なのです。父の枠を超えられたのは、誰なのでしょうか？　それとも他の誰かだったのでしょうか。

※2 業界における環境を、反復型、拡大型、変化型、不連続型、突発型、の5段階に分けた。

- 01 Taylor
- 02 Ford
- 03 Mayo
- 04 Fayol
- 05 Barnard
- 06 Drucker
- 07 Ansoff
-  **08 Chandler**
- 09 Bower
- 10 Andrews
- 11 Kotler
- 12 Henderson
- 13 Gluck
- 14 Porter
- 15 Canon-Honda
- 16 Peters
- 17 Bmarking-Robert
- 18 Stalk
- 19 Hammer
- 20 Hamel-Prahalad
- 21 Foster
- 22 Terman
- 23 Senge-Nonaka
- 24 Barney

「組織は戦略に従う」とは言わなかった

アルフレッド・チャンドラー

ハーバード大学で歴史学博士

MIT、ジョンズ・ホプキンス大学、HBSで教鞭を執る

44歳『組織は戦略に従う』出版

59歳『The Visible Hand』出版。歴史書のピューリッツァー賞を受賞

その数年前
デュポン
GM
スタンダード石油ニュージャージー※
シアーズ・ローバック
どの企業も危機に立ち向かうために戦略と組織を大きく変えてきた
きっと組織が大きくなったから分権化が進んだのだろう
推察キラリ
よし 調べてみるか

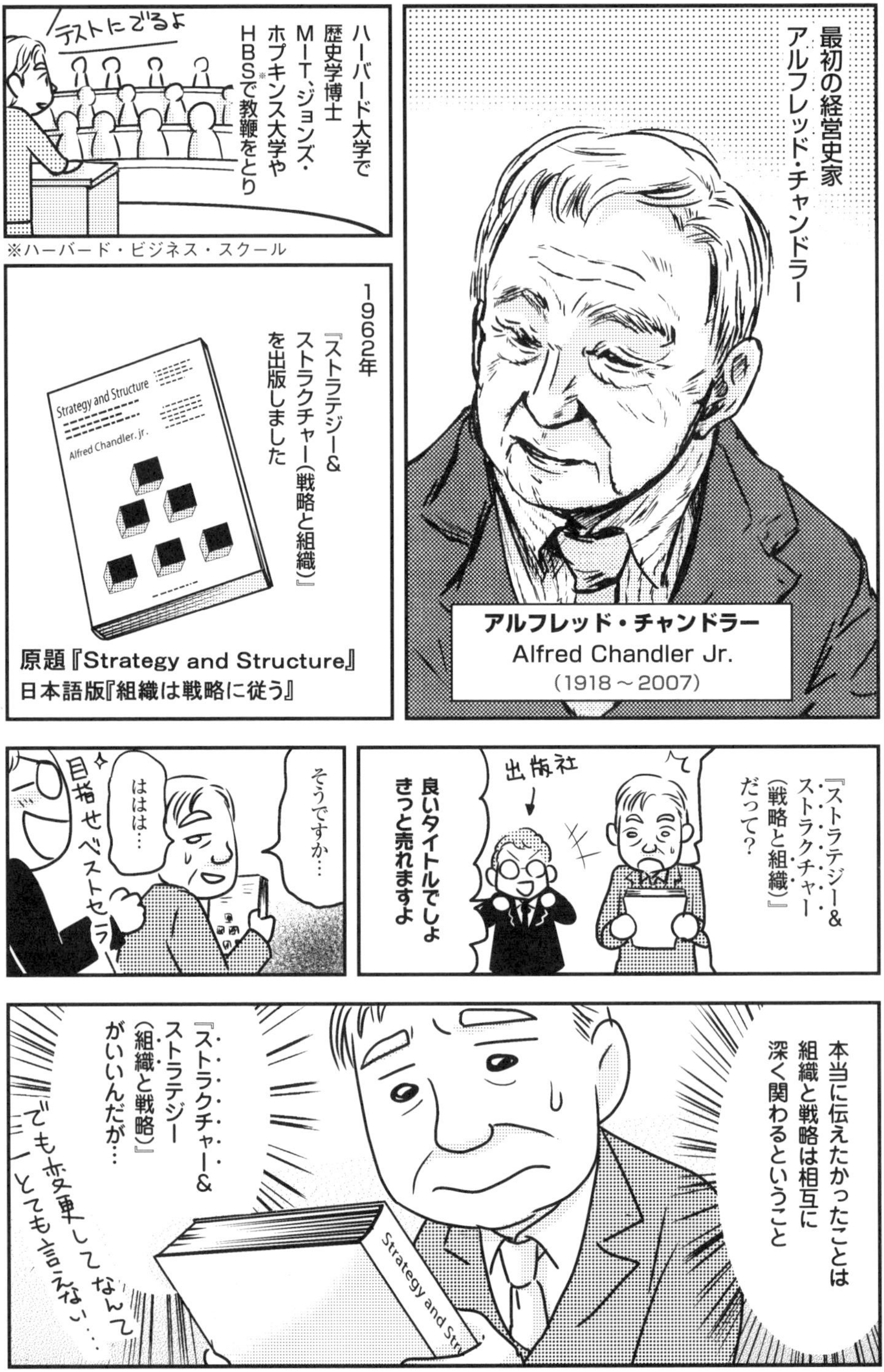
最初の経営史家
アルフレッド・チャンドラー
アルフレッド・チャンドラー
Alfred Chandler Jr.
（1918～2007）
ハーバード大学で
歴史学博士
MIT、ジョンズ・ホプキンス大学や
HBS※で教鞭をとり
テストにでるよ
※ハーバード・ビジネス・スクール
1962年
『ストラテジー&ストラクチャー（戦略と組織）』
を出版しました
Strategy and Structure
Alfred Chandler. jr.
原題『Strategy and Structure』
日本語版『組織は戦略に従う』
『ストラテジー&ストラクチャー（戦略と組織）』だって？
出版社
良いタイトルでしょ
きっと売れますよ
そうですか…
ははは…
目指せベストセラ
本当に伝えたかったことは
組織と戦略は相互に
深く関わるということ
『ストラクチャー&ストラテジー（組織と戦略）』
がいいんだが…
でも変更してなんて
とても言えない…
Strategy and Str

『ストラテジー&ストラクチャー』はアメリカのトップ企業4社の詳細な戦略・組織研究が本文の過半を占めています
デュポン
GM
シアーズ・ローバック（現シアーズ）
スタンダード石油ニュージャージー（現エクソンモービル）
その数年前
デュポン GM
スタンダード石油ニュージャージー※ シアーズ・ローバック
どの企業も危機に立ち向かうために戦略と組織を大きく変えてきた
特に本社がすべてを決める集権的組織から分権的組織（事業部制）への転換は見事だ
きっと組織が大きくなったから分権化が進んだのだろう
フフフ見切った
推察キラリ
よし調べてみるか
バサ

※ロックフェラーがつくったスタンダード石油が反トラスト法（独占禁止法）に基づき1911年に34社に分割された。そのうちの1社

――って
全然違うじゃないか!!
規模にかかわらず本業と違うビジネスを管理するのは大変だった
稟議書がこんなに送られてきました
自分たちで何とかしろっ
いいかげんにして!
分権化を促したのは大規模化(組織)ではなく事業の多角化(戦略)なんだ
つまり多角化という企業戦略が事業部制を生んだのか
オモシレー
これは本にして皆に伝えてあげなきゃ
『ストラテジー&ストラクチャー』は事業部制の詳しい仕組みを明らかにしました
分権化を迫られた企業にとって「事業部制導入の教科書」となり、多くの企業が(経営コンサルティング会社の助けも借りて)まねしました
経営者たちの心の叫び
多角化戦略を推し進めるには事業部制へ転換だ!
中央集権はもうやめた!!
Strategy and Structure
Alfred Chandler. jr.
そして「組織は戦略に従う」というキャッチフレーズができたのです
それが日本語版のタイトルにも採用されました
けど本の内容は違うのにな…
大きな声では言えないけど

じゃあ組織が
戦略を変えた
具体的な事例を
教えてくださいよ！
いいでしょう
3つの事例が
あります
くわしくは本を読んでね

事例① 余剰人員活用のための多角化

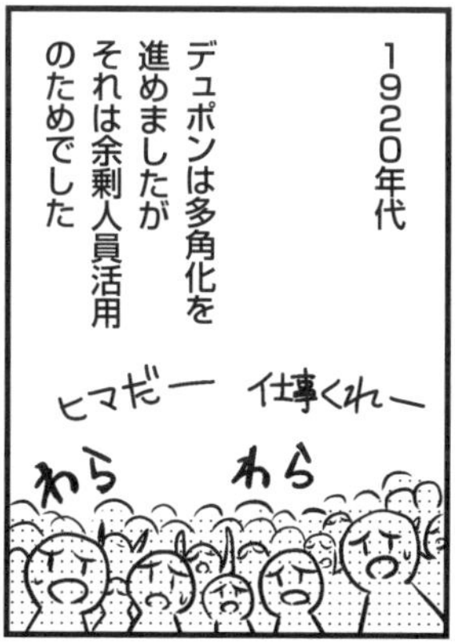
1920年代
デュポンは多角化を
進めましたが
それは余剰人員活用
のためでした
仕事くれー
ヒマだー
わら
わら

第一次世界大戦中
各国政府の要請で
設備や人員を
増やしていたので
戦後その有効活用に
迫られての
本格的多角化でした
ヒトめっちゃ
あまってるけど
困ったなぁ！
ピンチはチャンス
彼らに働ける
環境をつくって
やりましょう

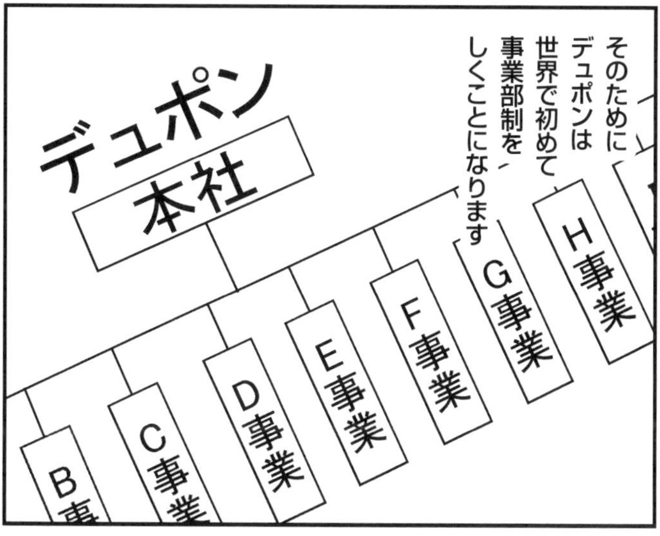
そのために
デュポンは
世界で初めて
事業部制を
しくことになります
デュポン
本社
B事
C事業
D事業
E事業
F事業
G事業
H事業

なるほど
止むに止まれず
事業部制は
始まったのか
ふむ ふむ

事例② 事業部制が事業拡大・海外展開戦略を促す

デュポンは本業だった化学繊維レイヨンの開発・生産能力（ケイパビリティ）を活かしてまったく市場の異なる防湿セロファンの分野で大成功を収めました
社長！事業部にした製品がまたまた大売れですっ
本当か？ビックリだな
新しい事業は事業部として立ち上げればいいんだ
了解！
その後ナイロンアクリルポリエステルと進んでいきます
事業部制のおかげで多角化展開が楽になり第二次世界大戦以降大企業はこぞって地理的・製品的な拡大を推し進めました
事業部制は楽でいいな
どんどんやっていきましょう
これも「組織→戦略」の例だね
でもその行き着く先は1960年代のM&Aブームと70年代に起こった「無関連多角化」の嵐でした
とにかくM&Aをして会社を大きくするぞ
でも本業周辺だと反トラスト法に引っかかるから関係ない事業ですね
M&Aが急拡大する中70年代中盤にはその半数が本業とは無関係な業界への多角化を目指すものになってしまいました
オオオオ

事例③ 管理しきれずリストラクチャリング戦略

その後
事業部の数が増えすぎて
事業部制を
支えきれなくなります
やりすぎた…
もはや
いくつあるかも
把握できない
ですね
1969年当時
GEは46の事業部を
コングロマリットのリットンは
70の事業部を抱え
本社
本社と事業部門上層部との
コミュニケーションは途絶し
全社管理は崩壊寸前でした
これだけ事業部が
多いと
管理しきれん!
どうにかしろっ
統廃合
しますかねえ
管理しきれないという
組織的要請から
戦略が変わります
事業の絞り込み
つまりリストラクチャリング戦略が
始まったのです
じゃあ
君クビね
ごくろーさん
えええ
えええっ
バサッ
1970～80年代
アメリカ企業は事業の解体や
再構築に明け暮れました

のちに1981年から2001年までGEのCEOを務めたジャック・ウェルチは就任直後から
世界シェアが1位か2位でなければ撤退するぞ！
ええっ!!
ジャック・ウェルチ
Jack Welch
（1935～）
という方針を打ち出し事業部を3分の1に絞り込んで大成功を収めるんだ
めでたしめでたし
なるほど勉強になったわ
チャンドラー
「経営戦略」とは中期にわたる自社の「あるべき姿」と
イゴール・アンゾフ
68頁参照
「現状」との「ギャップ」を埋める「方針」である
アンゾフの言う通りだとすれば
事業（顧客や市場や製品）にも組織（組織の括りや権限・プロセス）にもそれが当てはまるはず
キラリ
つまり…
バサ

経営とは
「戦略と組織」
の対立ではなく
「事業戦略と組織戦略」
の相互作用なのだ
しかし経営者にとって事業戦略は変えやすく
カチン
変身!!
事業戦略
組織戦略
コチン
組織戦略は変えにくい（実行が難しい）
だから事業戦略に沿って組織戦略を立案・実行していくのが無難なのだ
どーん

・事業戦略と組織戦略は深く関わり
「事業→組織」も「組織→事業」もある
・組織は変えにくいので事業戦略が先導しがち

しかしチャンドラーの業績で世の中に一番知られたのは「組織は戦略に従う」というキャッチフレーズと「事業部制の教科書」でした
あああ…どうして本当に伝えたいことが伝わらないんだぁ
あぁぁあぁ
そしてその組織変革の波に乗ったのがマッキンゼーでした

チャンドラーは本当に「組織は戦略に従う」と言ったのか？

01 危機を乗り越えるために「集権」から「分権」へと向かった米4社

- アンゾフが多角化戦略（1957）を唱えた後、企業戦略（1965）の姿を打ち出すまでの間に、同い年のアルフレッド・チャンドラー（Alfred Chandler、1918 ～ 2007）が『組織は戦略に従う』（1962）を出版しました。この本の原題は『Strategy and Structure（戦略と組織）』です。なのになぜ、こんな邦題になったのでしょうか。
- この本はチャンドラーが10年以上もかけた調査研究の集大成で、当時の米トップ企業4社の詳細な戦略・組織研究（ケーススタディ）が本文の過半を占めています。チャンドラーが「最初の経営史家」と呼ばれる所以（ゆえん）です。組織イノベーションを起こした代表企業として選ばれたのは、デュポン、GM、スタンダード石油ニュージャージー（現エクソンモービル）、シアーズ・ローバック（現シアーズ）の4社で、いずれも危機的状況に立ち向かうために、戦略と組織の大きな変更を経験していました。
- その4社はいずれも「集権的職能別組織（本社の機能部門がすべてを決める）」から「本社と製品別もしくは地域別事業部からなる事業部制」への転換を成し遂げていました。

02 『組織は戦略に従う』（1962）でチャンドラーが語ったこと

どーん

- チャンドラーが当初思っていたのとは異なり、その分権化という「組織」変革を促したのは、事業の多様化という企業「戦略」でした。
- 事業部制の詳しい仕組みを明らかにしたこの本は、分権化に迫られた企業にとって「事業部制の教科書」となり、多くの企業が（経営コンサルティング会社の助けも借りて）模倣しました。そして「組織は戦略に従う」というキャッチフレーズができたのです。でもチャンドラー本人は複雑でした。**「本当に伝えたかったことは、組織と戦略は相互に深く関わるということ」でした。**
- 世界で初めて事業部制を発明したのはデュポンです。1920年代のことでした。でもその理由であった**多角化は、第一次世界大戦中に抱えた余剰人員の活用のため**でした。組織→戦略、です。
- その後デュポンは、本業だった化学繊維レイヨンから、まったく市場の異なる防湿セロファン、ナイロン、アクリル、ポリエステルと多角化を進めました。新しい事業は、事業部として立ち上げればいいと、わかったのです。これも、組織→戦略、です。
- チャンドラーが見出したのは「戦略と組織」の対立ではなく、「事業戦略と組織戦略」の相互作用でした。そして、「経営者にとって事業戦略（や事業ポートフォリオ戦略）は変えやすく、組織戦略は変えにくい（実行が難しい）ので、事業戦略に沿って組織戦略を立案・実行していくのが無難」ということでした。
- でもチャンドラーの業績で世に知られたのは「組織は戦略に従う」というキャッチフレーズと「事業部制の教科書」でした。マッキンゼーは、この波に乗りました。

「組織戦略」でマッキンゼーをつくった

マーヴィン・バウアー

ハーバード大学出の弁護士＆MBA

36歳でマッキンゼーを引き継ぐ
1950〜67年の17年間、代表

「われわれは、プロフェッショナルだ」

しかし自らを経営の組織の問題に取り組むプロフェッショナルファームだと定義したのはいいものの具体的なサービス内容を固めるまでには数年間の試行錯誤がありました
何をすればいいのだ
もはやうちの組織をコンサルテーションしてもらったほうがいいんじゃないですか
!
それだ
組織改革コンサルティングのプロ集団になるぞ！
決定!!
サンキュー
組織改革ですか？
バウアーが見つけ出したサービスとは組織改革コンサルティングでした

マッキンゼーを再興し組織改革コンサルティングを推し進めたバウアー
マーヴィン・バウアー
Marvin Bower
（1903～2003）
世界最大の経営コンサルティング会社マッキンゼー・アンド・カンパニーはジェームズ・マッキンゼーその人が亡くなったあとに事実上スタートします
あとはよろしくね
1937年
48歳
James.O Mckinsey
2つに分裂した組織の片方を創業者の名前とともに引き継いだのは入社6年目
ハーバード大学での法学修士とMBAを持つ弁護士のマーヴィン・バウアーでした
MBA
弁護士
ハーバード大学
彼はマッキンゼーを経営「エンジニアリング」会社から経営「コンサルティング」会社に仕立て直して大きく成長させるとともに経営コンサルティング業界そのものをつくりあげていきました
マッキンゼーを世界に通用する企業にしてみせるぜ
オレに不可能はない
ニヤリ
経営コンサルタントとは（医師や弁護士のような）プロフェッショナルなのだと自ら定義しそれを徹底して同僚・依頼主・メディアに広め続けたのです
HBSは彼を「近代マネジメントコンサルティングの父」と呼んでいます
我々はプロフェッショナルだ
我々はプロフェッショナルだ
うるせー

しかし自らを
経営の組織の問題に取り組む
プロフェッショナルファームだと
定義したのはいいものの
具体的な
サービス内容を固めるまでには
数年間の
試行錯誤がありました
プロフェッショナルとは
言ったものの…
??
何をすればいいのだ
もはやうちの
組織をコンサルテーション
してもらったほうが
いいんじゃないですか
!
それだ
組織改革
コンサルティングの
プロ集団になるぞ！
サンキュー
組織改革ですか？
決定!!
ぐっ
バウアーが見つけ出した
サービスとは
組織改革コンサルティングでした
1950~60年代のアメリカは
チャンドラーが
『組織は戦略に従う』で
看破したように大きな組織変革期だ
事業の多角化・海外進出が
組織の分業化を
強く要請している
事業部制の導入支援を
主力商品とするのだ！
ノウハウ
ありません
けど…
それと同時に
総合的な企業診断ツール
「ジェネラル・サーベイ・アウトライン」
を完成させます
ほら
できたよ
君のような新人には
もってこいの
マニュアルだよ！
新人じゃ
ないですけど…
はい
ジェネラル
サーベイ
アウトライン
クライアント企業の組織や
プロセス、実績、予算などの
効率性を定量的に測定する
標準手引書だ
これを頼りに
クライアントから
ヒアリングし
レポートをまとめればいい
ホレホレ
ぐい
ぐい
だから
新人じゃ
ないって…

創業者が発案し
バウアーが大幅改訂した
この包括的企業調査マニュアルは
経験の浅い新人コンサルタントを
戦力化するのに
大変役立ちました
General Survey Outline
Mckinsey & Company
「ジェネラル・サーベイ・アウトライン」は
長く（1962年まで）
新人研修の一部を
占めていました
こういった「商品の絞り込み」と「作業や答えの標準化」によって
マッキンゼーは
プロフェッショナルファームが
陥りがちな
「成長の壁」を超えて
大きく飛躍することが
できたのです
余裕 余裕
ピョン
ピョン
成長の壁
作業や答えの標準化
商品の絞り込み
バウアーは
そのトップとしての
17年の任期中
マッキンゼーの売上高を
200万ドルから
10倍の2000万ドルに
拡大しました
インフレの影響を
除いても7倍
年率平均12％の
急成長でした
わははは
このままマッキンゼーは
永遠に成長を続けるぞ！
ピョーーン
そのマッキンゼーが
70年代を
苦しみながら
過ごすことに
なります
わああああああああ…

これからは
企業や事業戦略
そのものの変革が起こる
チャンドラーの
密かな
予言通りです
企業は
オイルショック（1973年）の
大波に苦しみ
単純な事業拡大に
行き詰まった企業からは
生き残りへの
悲鳴があがります
それはもう
「組織戦略」ではなく
「企業戦略」や「事業戦略」の話でした
価格高騰
oil
需給逼迫
キャー
バウアーさん
事業部制にしたが
そのあと戦略は
どう変えればいいの？
うんうん
こまったねぇ
多角化以外の
戦略は
どうやったら
いいんだ？
早く！
しかし
そこへの準備はまだ
不十分でした
まぁ…
焦らないで
もうちょっとおまちください
その間隙を
突いて急成長したのが
「戦略オタク」ブルース・ヘンダーソン
率いる
新興コンサルティング会社
ボストン
コンサルティング グループ
（BCG）
だったのです
ギューン
BCG
ギュ
マッキンゼー

バウアーはマッキンゼーをつくり「組織戦略」を推し進めた

01 バウアーによるマッキンゼーの「創生」

- 世界最大の経営コンサルティング会社（ファーム）であるマッキンゼーは、ジェームズ・マッキンゼー※3（James McKinsey、1889 ～ 1937）が亡くなったあとに、事実上のスタートを切りました。
- 2つに分裂した組織の片方を、創業者の名前とともに引き継いだのは、入社6年目、36歳だった弁護士マーヴィン・バウアー（Marvin Bower、1903 ～ 2003）でした。彼はマッキンゼーを経営「エンジニアリング」会社から経営「コンサルティング」会社に仕立て直し、経営コンサルティング業界そのものをつくり上げていきました。
- ハーバード大学での法学修士号とMBA（経営学修士）を持つバウアーは、**経営コンサルタントは（医師や弁護士のような）プロフェッショナルなのだと自ら定義**し、それを徹底して同僚・依頼主（クライアント）・メディアに広め続けたのです。
- HBSは彼を「近代マネジメントコンサルティングの父」と呼んでいます。

02 バウアーは商品を「組織コンサルティング」に絞り、作業を標準化した

- 自らを「経営と組織の問題に取り組むプロフェッショナルファーム」と定義したはいいものの、具体的なサービス内容を固めるまでに数年間の試行錯誤がありました。結局、バウアーが見つけ出したのは組織改革コンサルティングでした。
- 1950 ～ 60年代のアメリカは、チャンドラーが『組織は戦略に従う』（1962）で看破（かんぱ）したように大きな組織変革期にありました。事業の多角化・海外進出が、組織の分権化を強く要請していたのです。そしてマッキンゼーは「事業部制の導入支援」を主力商品にしました。
- 同時に彼は総合的な企業診断ツール「ジェネラル・サーベイ・アウトライン」を完成させます。クライアント企業の組織、プロセス、実績、予算などの効率性を定量的に測定する標準手引書（マニュアル）です。この包括的企業調査マニュアルは、経験の浅い新人コンサルタントを戦力化するのに大変役立ちました。バウアーはトップとして17年の任期中、マッキンゼーの売上高を10倍にしました。

03 マッキンゼーの油断

- マッキンゼーはその社史に記すように、その後の1970年代を苦しみながら過ごすことになります。**チャンドラーの密かな予言通り、「（企業・事業）戦略そのものの変革」が大切になってきた**からです。オイルショック（1973）の大波に苦しみ、単純な事業拡大に行き詰まった企業（クライアント）から、「事業部制にしたが、その後戦略はどう変えるのか？」といった問いを突きつけられるようになりました。それは「組織戦略」ではなく「企業戦略」や「事業戦略」の話でしたが、そこへの準備はまだ、不十分でした。
- その間隙（かんげき）を突いて急成長したのが「戦略オタク」ブルース・ヘンダーソン率いる新興コンサルティング会社BCGだったのですが、これは次章に譲りましょう。

※3 会計学の教授であったジェームズ・マッキンゼーは創業後、主に「財務・予算管理サービス」を提供していた。

戦略プランニングの父 アンドルーズと ポジショニング派のチャンピオン ポーター

ポーター

アンドルーズ先生、お久しぶりです。

アンドルーズ

先生はいいよ、ポーターくん。きみはもう 30 年近く、経営戦略界に君臨しているじゃないか。
私の全盛期はもう 45 年も前だ。

ポーター

でもあなたや R. クリステンセン先生の指導がなければ、今の私は存在しませんでした。ハーバード・ビジネス・スクール（HBS）のわれわれみな、あなたたちのもとで育った生徒なのです。

戦略は個別的。分析には限界がある

アンドルーズ

そう言ってくれるとうれしいね。ところで、きみが HBS で学んでいたとき、どんな授業が好きだったかな？

ポーター

もちろんあなたの「ビジネスポリシー」です！ ある企業の意思決定に関して、経営のあらゆる側面について議論を進めていくケーススタディは最高でした。
生徒たちの議論が白熱して、もつれ合って、崩壊しそうになる。
その瞬間を捉えて教員が放つコメントや質問で、一気に議論が収束する。
ヒトが学ぶってああいう瞬間なんですよね。

アンドルーズ

企業はひとつひとつ違う。経営戦略に定型的な答えなどなく、あるのはただ分析や計画の手順だけだ。だからケースの徹底的な議論を通じて、その力を磨く。それがこのビジネスポリシーという授業の本質なのだ（1971『経営戦略の概念』）。

ポーター

本当にあの授業には感銘を受けました。

経済分析（エコノミクス）とポジショニングですべては決まる！

ポーター

「経営戦略とは総合芸術である」がビジネスポリシーのスタンスですよね。
でもやっぱり思うんです。少なくともビジネスの外部環境の分析はもっと
緻密にできるって。そもそも誰も儲からない市場で、いくら頑張っても
ムダじゃないですか。それで５力分析を考え出したんです。

アンドルーズ

まあ、なあ。ポーターくんの気持ちはわかるけど、でもあれ、
考えるべき項目が何十も並んでて…。

ポーター

しかも、経営戦略っていったって、儲けられる在り方なんて３種類しか
ないんです（1980『競争の戦略』）。敵より安くつくれるか
（コストリーダーシップ）、敵より付加価値が高いか（差異化）、
敵より土俵を絞り込むか（集中）、それだけです。

アンドルーズ

ずいぶん思い切って単純化したよねえ…。

ポーター

人間関係論もいいんですけど、企業は価値を生み出すためのシステムです。
バリューチェーンという名のプロセスなんです（1985『競争優位の戦略』）。
それが、儲かる市場を選んで、敵に対して優位な場所を占めることで、
利益を生み出せる。そういった「ポジショニング」が経営戦略のすべてだ！

アンドルーズ

まあまあ落ち着いて…。ところで、そのバリューチェーンっての、
フェイヨル氏の「６つの企業活動」がもとなんだろうけど、マッキンゼーの
グラックたちがつくった「ビジネス・システム」（1980）にもそっくりだね。

ポーター

だから本の謝辞には書きましたよ。ありがとう、って。
でも、似てるけど中身は全然違うんです。私のバリューチェーンはですね…。

アンドルーズ

（しまった。また話が長いぞ、こりゃ…）

01 Taylor
02 Ford
03 Mayo
04 Fayol
05 Barnard
06 Drucker
07 Ansoff
08 Chandler
09 Bower

10 Andrews
11 Kotler
12 Henderson
13 Gluck
14 Porter
15 Canon-Honda
16 Peters
17 Bmarking-Robert
18 Stalk
19 Hammer
20 Hamel-Prahalad
21 Foster
22 Terman
23 Senge-Nonaka
24 Barney

「SWOT分析」を広めた
ケネス・アンドルーズ

英語を専攻、統計も学ぶ

30歳でHBS教員に

企業戦略レベルでの戦略プランニング手法を開発。SWOT分析を広める

アンドルーズがつく
企業戦略論を中核とした
ビジネスポリシー講座は
大成功を収めます
ワッショイ
ワッショイ
その後長く
HBSの
人気科目となりました
1965年
『ビジネスポリシー
―テキストとケース集―』が
HBSの教科書になります
BUSINESS POLICY

「戦略プラニング手法」を広めたが
戦略自体は
アートだと信じたアンドルーズ
ケネス・アンドルーズ
Kenneth Andrews
（1916～2005）
アンドルーズは大学では
英語を専攻しながら
第二次世界大戦中には
陸軍のために統計を
学ぶことになります
30歳
HBS教員
34歳
HBSで
「ビジネスポリシー」コース
改訂チームの中核になりました
アンドルーズがつくり上げた
企業戦略論を中核とした
ビジネスポリシー講座は
大成功を収めます
ワッショイ
ワッショイ
その後長く
HBSの
人気科目となりました
1965年
『ビジネスポリシー：
テキストとケース集』が
HBSの教科書になります
BUSINESS POLICY

多くのビジネススクールがこぞって教科書として採用し彼の考えはあっという間にアメリカ人エグゼクティブたちの共通認識・共通言語となっていきました
どんどん使ってね
先生
ビジネスポリシーっていったいどんな科目なんですか？
ん
これまでバーナード、ドラッカー、アンゾフ、チャンドラー、そしてバウアーたちが打ち立てたコンセプトを
整理統合した上で私が新たなツールやインサイトを加えたものなんだ
な…なるほど…
具体的に教えてください
いいだろうまずビジネスポリシーとは何か
ポリシーは方針のことだ意味は「事業方針」だな
カッ
事業方針
カッ
カッ
しかしそれを「企業のミッションや目標など根本的なイシューに対して基本的なフレームワークとガイドラインを与えること」なんて言ってもよくわからん

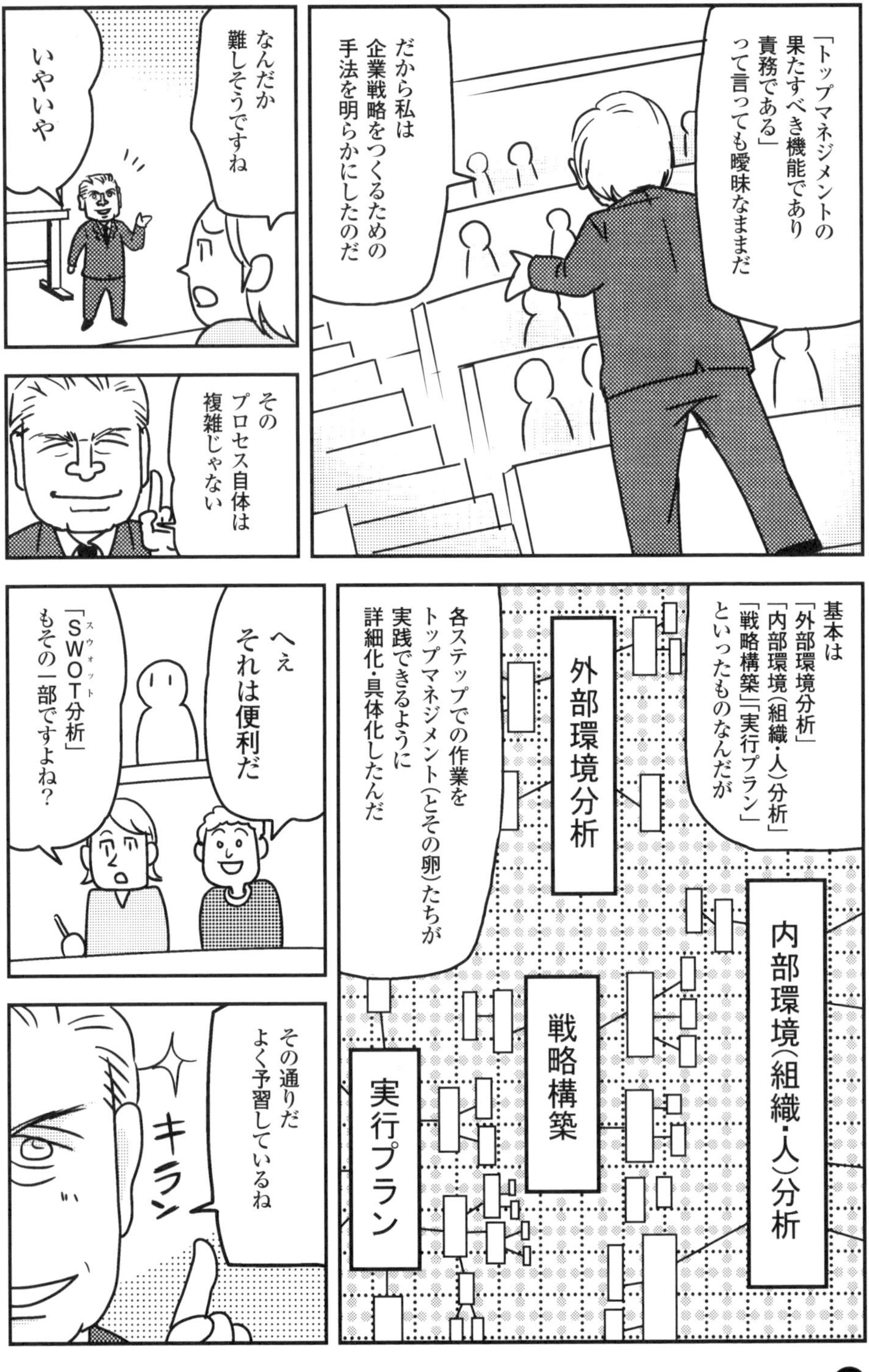
「トップマネジメントの果たすべき機能であり責務である」って言っても曖昧なままだ
だから私は企業戦略をつくるための手法を明らかにしたのだ
なんだか難しそうですね
いやいや
そのプロセス自体は複雑じゃない
基本は「外部環境分析」「内部環境（組織・人）分析」「戦略構築」「実行プラン」といったものなんだが
外部環境分析
内部環境（組織・人）分析
戦略構築
実行プラン
各ステップでの作業をトップマネジメント（とその卵）たちが実践できるように詳細化・具体化したんだ
へぇ それは便利だ
「SWOT分析」もその一部ですよね？
キラン
その通りだ よく予習しているね

そこで用いた分析ツールの中でももっともヒットしたのが「SWOT分析※」だ
SWOTマトリクス
目的達成に
ポジティブ
ネガティブ
要因
内部
外部
強み Strengths
弱み Weaknesses
機会 Opportunities
脅威 Threats
ドーン
ヤッ

※元をつくったのはスタンフォード大学のアルバート・ハンフリー

ヒミツだが2008年の調査でも企業での利用率が7割を超えるらしいぞ
おぉ! 40年経っても色褪せない!
やるじゃん
ヒソヒソ

バーナードは経営戦略とは外部環境における「機会」と内部環境における「強み」を組み合わせることにあるとも言った
その考えを具現化するための分析ツールがこの「SWOT分析」なんだ
機会
強み

へぇ
強み・弱み機会・脅威の
それぞれの意味を教えてください

内部（組織）要因で自社の目的達成にポジティブな要素を【強み】ネガティブな要素を【弱み】
外部（環境）要因でポジティブな要素を【機会】
ネガティブな要素を【脅威】と整理している
目的達成に
ポジティブ
ネガティブ
強み Strengths
弱み Weaknesses
機会 Opportunities
脅威 Threats
先生 それって すごくないですか
と…とんでる
どういうことだい？
トッ
だって「SWOT分析」をすれば自ずと企業戦略が決まるということじゃないですか？
実はそうじゃないんだ
へ…
企業戦略は結局アートだからな
アート？

企業戦略とは企業個別の環境や事情にあふれている
定型化などできない芸術作品だということだよ
わかる?
な…
なんとなく
なんとなくかいっ
ドキドキ
…
たとえばさっき君が指摘したフォードのその強みは
フォードは大量生産方式を生み出した
そうだな
え…
君たちの議論はそういうふうにも聞こえるよ
だとしたら結論はどうなる?
目的達成に
ポジティブ
ネガティブ
強み Strengths
弱み Weaknesses
機会 Opportunities
脅威 Threats
もしかして弱みではないだろうか?
逆にすらなりうるのじゃないだろうか

キーンコーン
カーンコーン
な…
なるほど
それでは
また来週
ガタ
ガタ
ビジネスポリシーの授業は
議論が拡散しそうになっても
アンドルーズ教授の言葉で
いつも良い方向に導かれるな
まったくだよ
さすが
看板教授だ
バタン
ブルッ

素晴らしい
マイケル・ポーター
（138頁参照）
アンドルーズ教授といい
ローランド・クリステンセン教授といい
なんという変幻自在の授業リード
まさにアートだ
さいこー
ブル
ブル
アンドルーズの非定型な芸術的講義の虜だったのがポーターでした
しかし10年後
彼はアンドルーズたち先輩教授陣に反旗を翻します
なに？
戦略構築のための分析はもっと定型化できる！
戦略はアートではない！
ドド
経営戦略はパターン化できる！
ポーターは結局その戦いに勝利を収めます

アンドルーズは「戦略プランニング手法」を広めたが、戦略自体はアートだと信じた

01 近代マネジメント論の集大成「ビジネスポリシー」

- バーナード、ドラッカー、アンゾフ、チャンドラー、そしてバウアーたちが打ち立てたコンセプトを整理し（新たなツールやインサイトを加えた上で）世に広めたのが、HBSの看板教授 ケネス・アンドルーズ（Kenneth Andrews、1916 ～ 2005）です。
- 非常に頭がよく、かつ教えるのが上手だったアンドルーズは、34歳の頃にはHBSで「ビジネスポリシー」コース改訂チームの中核となっていました。彼らがつくり上げた、企業戦略論を中核としたビジネスポリシー講座は大成功を収め、その後長くHBSの人気科目となりました。
- 1965年、ついにその内容が教科書として出版されました。『ビジネスポリシー：テキストとケース集』です。このテキスト部分※4を書いたのがアンドルーズ。多くのビジネススクールがこぞってこれを教科書とし、彼（が整理し、つくった）の考えは、あっという間にアメリカ人エグゼクティブたちの共通認識・共通言語となっていきました。

02 企業戦略策定のための「SWOT分析」がつくられた

- アンドルーズは、企業戦略レベルでの戦略プランニングの手法を明らかにしました。プロセス自体はそんなに複雑なものではありません。基本は、「外部環境分析」「内部環境（組織・人）分析」「戦略構築」「実行プラン」といったもの。しかし彼は、各ステップでの作業を、トップマネジメント（とその卵）たちが実践できるように詳細化・具体化しました。そしてそこで用いた分析ツールの中から、圧倒的なヒット商品が出ました。それが「SWOT（スウォット）分析※5」です。最近の調査でも、企業での利用率は7割を超える※6とか。
- 企業戦略とは、外部環境における「機会」と内部環境における「強み」を組み合わせることにあるとバーナードらは示しました。その考えを具現化するための分析ツールが、このSWOTマトリクスだったのです。

03 でも企業戦略とは機械的には決まらない「アート」である

- ただアンドルーズ自身は、企業戦略はある種のアートだと考えていました。彼のビジネスポリシー授業は、まさに芸術的なものだったと言います。みな、彼の変幻自在（へんげんじざい）の講義リードに感嘆（かんたん）し、心酔（しんすい）したと言います。そこで紡がれる企業戦略とは、企業個別の環境や事情にあふれた、定型化などできない芸術作品そのものでした。
- あのポーターすら、その非定型な芸術的講義の虜（とりこ）であり、そこで鍛えられた生徒の1人でした。しかし後年、彼はアンドルーズに反旗を翻（ひるがえ）します。「企業戦略はパターン化できる」「戦略構築のための分析はもっと定型化できる」「戦略はアートではない！」
- ポーターは結局、その戦いに勝利を収めます。ここからちょうど10年後のお話です。

※4 1971年に『企業戦略コンセプト』として出版された。ケース部分はローランド・クリステンセンによる。
※5 SWOTマトリクス自体を開発したのはアルバート・ハンフリー。オリジナルでは横軸は「目的達成にHelpfulかHarmfulか」。
※6 The Global Benchmarking Networkによる22カ国450社・団体に対する2008年調査によれば、SWOT分析の使用率は72%で2位。使用率1位は「顧客サーベイ」(77%)。

01 Taylor
02 Ford
03 Mayo
04 Fayol
05 Barnard
06 Drucker
07 Ansoff
08 Chandler
09 Bower
10 Andrews

11 Kotler
12 Henderson
13 Gluck
14 Porter
15 Canon-Honda
16 Peters
17 Bmarking-Robert
18 Stalk
19 Hammer
20 Hamel-Prahalad
21 Foster
22 Terman
23 Senge-Nonaka
24 Barney

「マーケティング」の伝道師

フィリップ・コトラー

25歳 MITで経済学博士号

31歳 ケロッグ・スクールで
マーケティングを教えはじめる

36歳『マーケティング・マネジメント』で
マーケティングを普及させる

それまでバラバラだった
マーケティング理論が
体系化されたことで
世界中に拡がっていきました

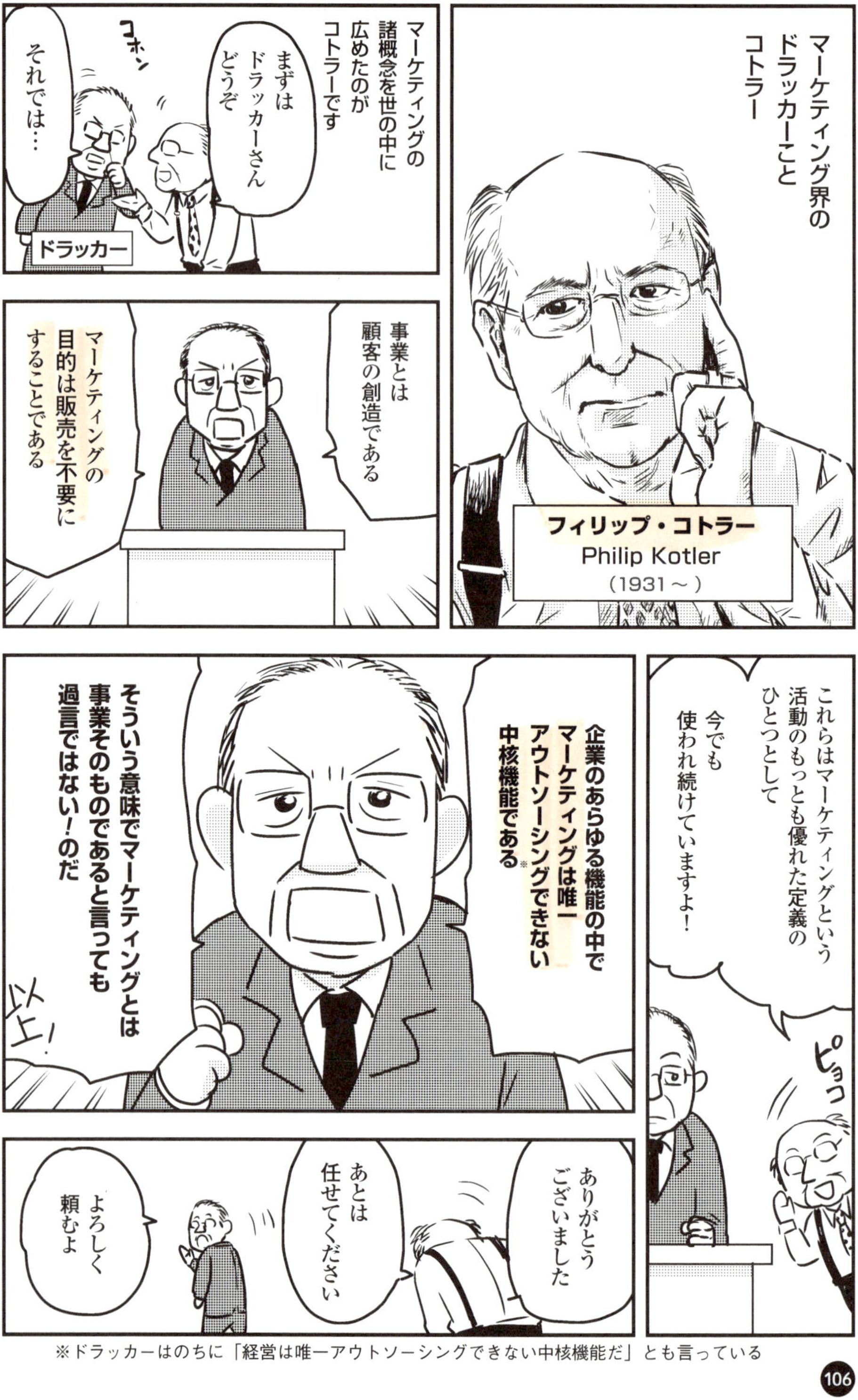

マーケティング界のドラッカーことコトラー
フィリップ・コトラー
Philip Kotler
（1931～）
マーケティングの諸概念を世の中に広めたのがコトラーです
コホン
まずはドラッカーさんどうぞ
それでは…
ドラッカー
事業とは顧客の創造である
マーケティングの目的は販売を不要にすることである
これらはマーケティングという活動のもっとも優れた定義のひとつとして
今でも使われ続けていますよ！
ピョコ
企業のあらゆる機能の中でマーケティングは唯一アウトソーシングできない中核機能である※
そういう意味でマーケティングとは事業そのものであると言っても過言ではない！のだ
以上！
ありがとうございました
あとは任せてください
よろしく頼むよ

※ドラッカーはのちに「経営は唯一アウトソーシングできない中核機能だ」とも言っている

1967年
ノースウエスタン大学
ケロッグ・スクール
私が書いた
本だよ
Marketing
Management
Philip Kotler
コトラーの書いた
『マーケティング・マネジメント』
は数年に1回の改訂を経て
今や第12版が発行され
世界中のマーケティング・
経営学学習者・実務者の
バイブルとなっています
私がまず目指したのは
「マーケティングの体系化」
なんだ
Philip Kotler
それまでバラバラだった
マーケティング理論が
体系化されたことで
世界中に拡がっていきました
コトラーさん
ハーイ
しつもーん
だれだ
君は?
これは
どういう
ことですか?
ペラ
どれどれ
① R
② STP
③ MM
④ I
⑤ C
これは戦略的
マーケティング・
プロセスだよ!
戦略的マーケティング・プロセス?

マーケティングは
5つのステップで
つくるものなんだ
R
① 調査(Research)
STP
②セグメンテーション/
ターゲティング/
ポジショニング(STP)
MM
③マーケティング・ミックス(MM)
I
④実施(Implementation)
C
⑤管理(Control)
略して「R・STP・MM・I・C」!
は…
はぁ…
なんで格好つけるんだろ
RとIとCはわかりやすいんですが
②STPと③MMをもう少し
詳しく説明してもらえませんか…
ビシッ
STPは市場を
自分が有利なように
分割(セグメンテーション)し
標的とする市場を
決定(ターゲティング)し
競合に対して
どんな差をつける
(ポジショニング)
かを決めること
マーケティングは
(そしてビジネスは)
STPに始まり
STPに終わる
とも言える
Segmentation
Targeting
Positioning
ハァ
ハァ
ぴょん
差
決めた!!
どーん
どれにしようかな
C
B
A
ビッ
ビシィッ
もういいって

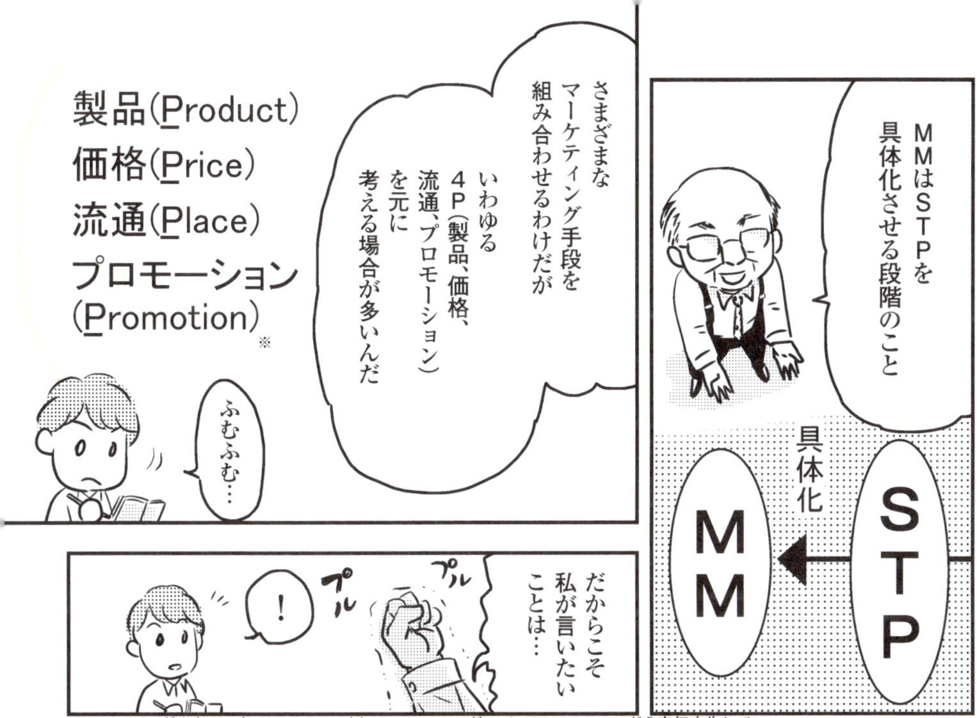
MMはSTPを具体化させる段階のこと
STP
具体化
MM
さまざまなマーケティング手段を組み合わせるわけだが
いわゆる4P（製品、価格、流通、プロモーション）を元に考える場合が多いんだ
製品（Product）
価格（Price）
流通（Place）
プロモーション（Promotion）※
ふむふむ…
だからこそ私が言いたいことは…
プル
プル
！

※Product ～どんなモノを　Price ～いくらで　Place ～どこで　Promotion ～どう宣伝広告して

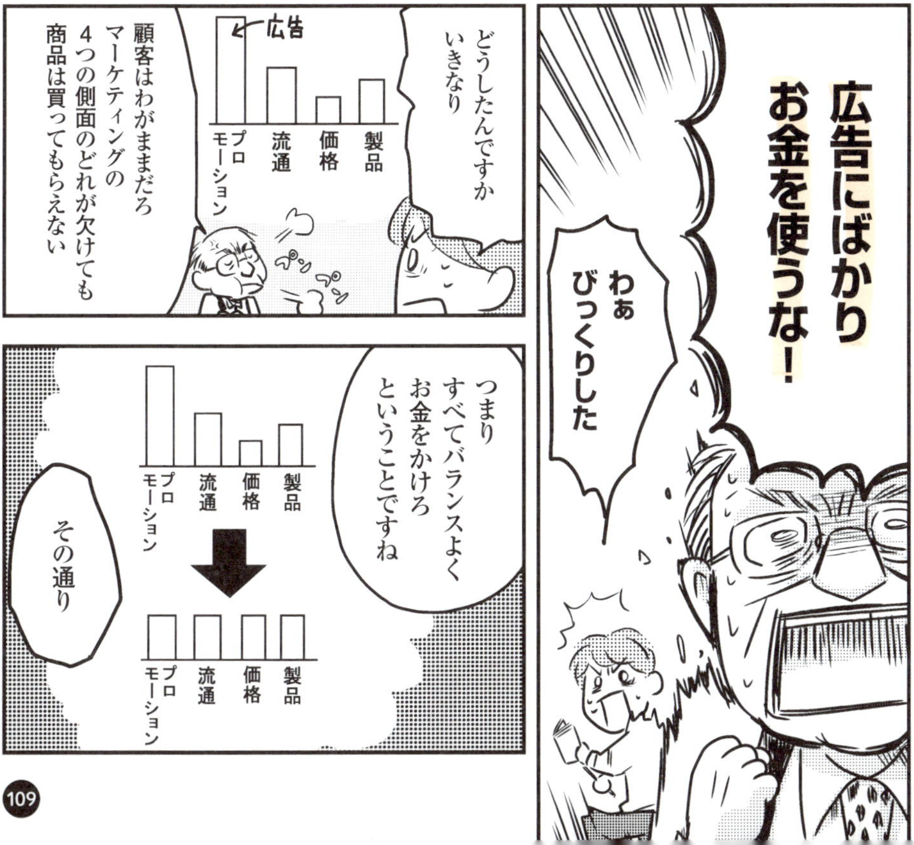
広告にばかりお金を使うな！
わぁびっくりした
どうしたんですかいきなり
広告
プロモーション
流通
価格
製品
顧客はわがままだろマーケティングの4つの側面のどれが欠けても商品は買ってもらえない
プンプン
つまりすべてバランスよくお金をかけろということですね
プロモーション
流通
価格
製品
プロモーション
流通
価格
製品
その通り

『マーケティング・マネジメント』には他にも重要なマーケティング・コンセプトが数多く紹介されていますよね
・消費者および組織体の購買行動分析
・プロダクト・ライフサイクル（PLC）※戦略
・競争的マーケティング戦略 など
なんでも質問したまえ
PLC戦略って何ですか？
PLC戦略は製品自体の栄枯盛衰のステージ（黎明期、成長期、成熟期、衰退期）に合わせて
市場規模・収益性やターゲット顧客・取るべき手は大体決まるというものだね
売上曲線
キャッシュフロー曲線
0
黎明期 Introduction
成長期 Growth
成熟期 Maturity
衰退期 Decline
なるほど では競争的マーケティング戦略とは何ですか？
競争的マーケティング戦略とは市場におけるマーケットポジション（リーダー、チャレンジャー、フォロワー、ニッチャー）によって基本戦略は異なるというものだ
け…けど…実は2つは矛盾してるんだ…
え…
PLC戦略が「戦略は製品自体のステージ（だけ）で決まる」とする一方
ピュフフフ…
競争的マーケティング戦略は「戦略はプレイヤーのマーケットポジション（だけ）で決まる」としているんだなぁ
どっちやねん！

※Product Life Cycle

1960年代
第二次世界大戦後の好景気の中
米欧(特にアメリカ)の企業は空前の繁栄を謳歌していました
名だたる偉人のおかげで
1970年までに経営戦略論はほぼ完成したかのようでした
バーナード
コトラー
バウアー
アンゾフ
チャンドラー
アンドルーズ
ドラッカー
しかしまったくそうではありませんでした…
世界恐慌が企業進化(バーナード革命)を促したように
今度はオイルショックが次の進化に企業たちを追い立てます
そして経営戦略論ポジショニング派の大物プレイヤーBCGとマイケル・ポーターが舞台に登場します

コトラーは“マーケティング界のドラッカー”

Marketing
Management
Philip Kotler

01 マーケティングを普及させた『マーケティング・マネジメント』

- 「事業とは顧客の創造である」と看破したドラッカーが残した言葉に「マーケティングの目的は販売を不要にすることである」があります。マーケティングという活動のもっとも優れた定義のひとつとして、今でも使われ続けています。
- そのマーケティングの諸概念を世に広めたのが、ノースウエスタン大学ケロッグ・スクールのフィリップ・コトラー（Philip Kotler、1931～）です。彼の書いた『マーケティング・マネジメント』は1967年に初版が刊行されて以来、数年に1回の改訂を経て、今や第12版が刊行され、世界中の学習者・実務者の聖典となっています。
- 彼がまず目指したのは「マーケティングの体系化」でした。ゆえにこの本に載るマーケティングコンセプトは、必ずしも彼のオリジナルではありません。しかし、それまでバラバラだったマーケティング理論が体系化され、ゆえに広く普及したというのは事実であり、まぎれもなく彼の功績です。

02 戦略的マーケティング・プロセスとSTP・MM

- またコトラーは、アンドルーズが企業戦略プランニングのプロセスをつくり上げたように、「戦略的マーケティング・プロセス」をつくりました。それは「R・STP・MM・I・C」とも呼ばれ、次の5つのステップからなります。
  ・① 調査（Research）→ ② セグメンテーション・ターゲティング・ポジショニング（STP）→ ③ マーケティング・ミックス（MM）→ ④ 実施（Implementation） → ⑤ 管理（Control）
- STPは、市場を自分が有利なように分割（セグメンテーション）し、標的とする市場を決定（ターゲティング）し、競合に対してどんな差をつける（ポジショニング）のかを決めることです。マーケティングは（そしてビジネスは）STPに始まりSTPに終わるともいえる中核です。一方、MMはSTPを具体化させる段階です。さまざまなマーケティング手段を組み合わせるわけですが、いわゆる4P※7（製品、価格、流通チャネル、プロモーション）を基に考える場合が多いでしょう。

03 プロダクト・ライフサイクル戦略と競争的マーケティング戦略の矛盾

- 他にも、消費者および組織体の購買行動分析、プロダクト・ライフサイクル（Product Life Cycle）（PLC）戦略、競争的マーケティング戦略などが解説されています。いずれも強力なコンセプトで、事例研究による裏付けもあり、広く使われました。実はあとの2つは矛盾しているのですが……。
- 1960年代、第二次世界大戦後の好景気の中、欧米（特にアメリカ）の企業は空前の繁栄を謳歌（おうか）していました。バーナード、ドラッカー、アンゾフ、チャンドラー、バウアー、アンドルーズ、そしてコトラーたちのお陰で、1970年までに経営戦略論はほぼ完成したかのようでした。でもそうではありませんでした。**世界恐慌が企業進化（バーナード革命）を促したように、今度はオイルショックが、次の進化に企業たちを追い立てます。**そして経営戦略論の最後の大物プレイヤー、BCGとマイケル・ポーターが舞台に登場します。

※7 ジェローム・マッカーシー（1928～）が『Basic Marketing』（1960）で示した。

第3章

ポジショニング派の大発展

Chapter 1

マッキンゼー構築者 バウアーと BCG 創業者 ヘンダーソン

バウアー

ヘンダーソンくん、私ももうそろそろ引き時だ。マッキンゼーさん亡き後、今のマッキンゼー・アンド・カンパニーをつくったのが 1939 年。それからもう 35 年。いったい明日の世界はどうなるんだろうかね。いやどうなろうと、われわれプロフェッショナルが、それをリードしていかねばならんのだが。

ヘンダーソン

バウアーさん、それよりこの分析、見てみてよ。うちの若い衆でクラークソンってのが見つけたんだけど、経験量とともに生産コストがきれいに下がっていくんだなあ、これが。経験曲線（1966）って名づけたんだ。美しいでしょう！

バウアー

それがどうしたんだね。

ヘンダーソン

だって、同じビジネスを同じ国でやっていたら、かかるコストは誰でも同じって、ちょっと前までみんな思ってたでしょう。今、われわれはそれがバラバラだと知っている。でも、なんでなんでしょう。これでその謎が解けた。いや、それよりも、これで「未来」がわかるんだ！

経験曲線は未来を描く

バウアー

「経験」曲線なのに？

ヘンダーソン

そう。経験曲線なのに。この「曲線」は、両対数グラフで書くと、直線になる。それを未来に向かって伸ばしていけば、「どれだけの生産をあと何カ月続ければ、生産コストがいくらになるか」が読めるというわけ。そうしたら、それを見越してきっちり値下げしていって、敵を振り落とすことができるわけ。

バウアー

対数グラフか。そんな分析をやるためにHBSとかスタンフォードからトップの学生だけ高給で雇っていたのだな。
「ビジネス経験不問、頭のいい奴求む」と。

ヘンダーソン

その通り！ ロックリッジってのもマトリクスの天才で、ついこの間、「成長・シェアマトリクス」（1969）をつくってくれた。これは秀逸で最近は「BCGマトリクス」とか「PPM（プロダクト・ポートフォリオ・マネジメント）」なんて呼ばれてる。

バウアー

あの「金のなる木（Cash Cow）」「スター（Star）」
「問題児（Problem Child）」「負け犬（Dog）」ってのだね……。
確かにわれわれの顧客（クライアント）たちは多くの多角化事業を、管理しきれずもてあましておる。それを管理するにはああいった分類は有用だな。
その事業に投資すべきか否か、よくわかる。

バウアー

それにしても、それを区分するのが「市場成長率予想」と「相対市場シェア」だけというのは、
また思い切った単純化をしたものだ。

コングロマリットがBCGマトリクスを生んだ

ヘンダーソン

身動き取りやすいから、と「事業部制」や「分権化」を全米中で推し進めたのはバウアーさん、あなたじゃない。チャンドラーの「組織は戦略に従う」をマッキンゼーはまさに提言しまくった。
そして管理しやすくなったお陰で、経営者はどんどん多角化を進めた。
その意味では「戦略は組織に従う」だったわけだ。
でもやりすぎた。子会社数百社のコングロマリットを、経営者はもう管理しきれない。だからわれわれは経営者に武器を与えたんだ。
子会社社長や事業部長たちと戦う武器を！

バウアー

……お陰で最近、BCGの業績はよいと聞くが。

ヘンダーソン

この間のオイルショック（1973）が転換点。
それまで企業はみんなやりたい放題だったのが、急に事業整理に向かったんで、
タイミングが合ったかな。これからも経営者のために、
コンセプトつくって分析しまくるよー。

バウアー

ふふ、ちょこざいな。われらマッキンゼーも負けんよ。経営戦略サービスも
強化することにしたし、面白そうな人間も集めたし。何よりクライアントが
超一流だしな。

バウアー

そうそう、最近 BCG から優秀なメンバーが独立したと聞いたぞ。
ベインくん…だったか。

ヘンダーソン

ぐっ。彼は本当に優秀だった。
でも「短期の戦略プロジェクトだけじゃ飽き足らない。
新しい経営コンサルティングの形をつくります！」って出て行っちゃった。
やっぱり人材マネジメントが一番難しいや……。

ピョン
ピョン
成長の
作業や答えの標準
商品の絞り込み

3つの飛躍「時間」「競争」「資源配分」

ブルース・ヘンダーソン

HBS を残り 3 カ月で自主退学

メーカー 3 社、コンサルティング会社 1 社を経験

48 歳で BCG を立ち上げる

1980 年まで CEO、1985 年まで会長

さぁみんな
今がチャンスだ!
「成長・シェアマトリクス」を
売りまくれっ!
オオッ
BCGは
「成長・シェアマトリクス(PPM)」
による事業ポートフォリオ
再構築プロジェクトを
次々に展開し
会社はその規模を
飛躍的に拡大させました

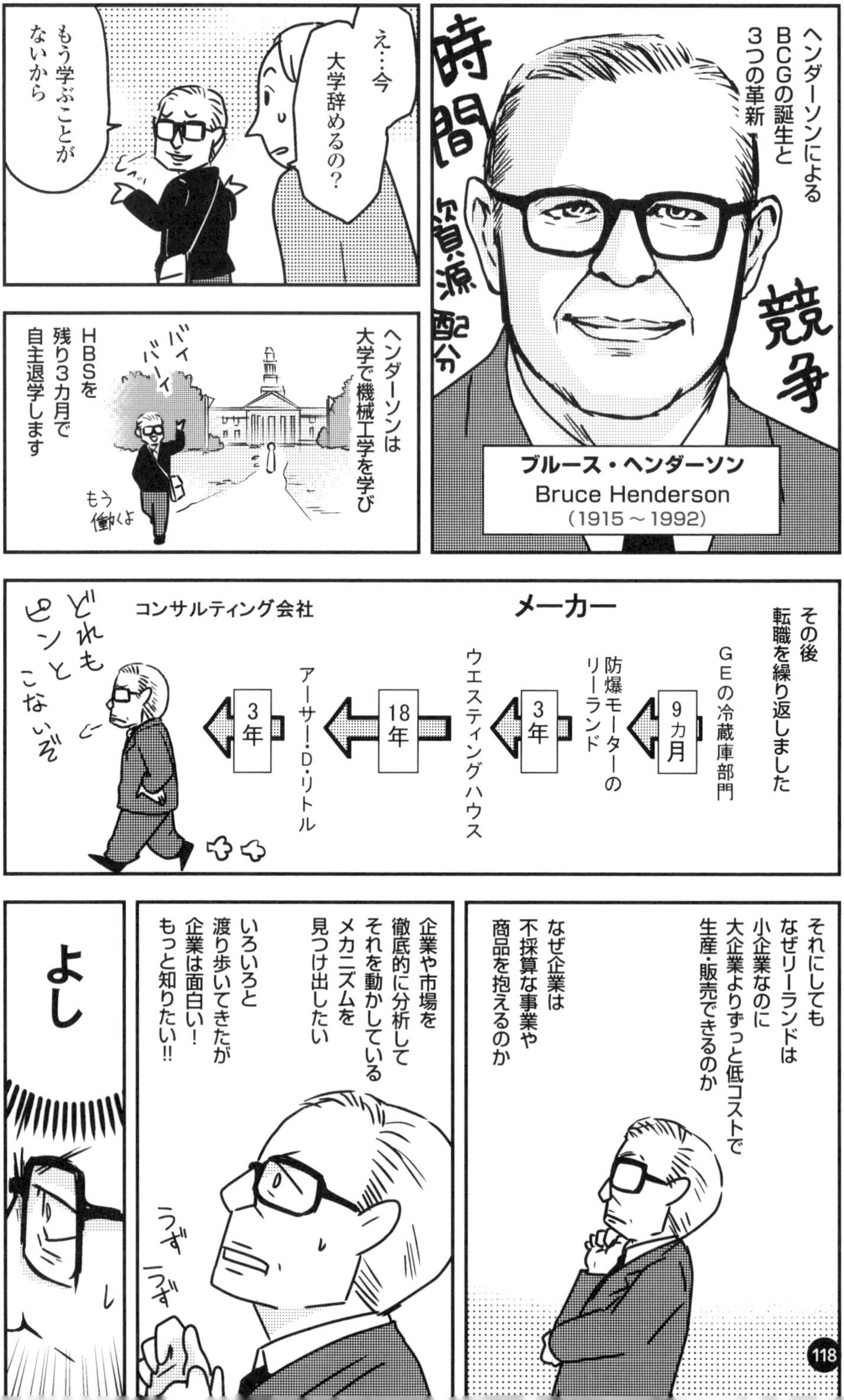
ヘンダーソンによる
BCGの誕生と
3つの革新
時間
資源配分
競争
ブルース・ヘンダーソン
Bruce Henderson
(1915～1992)
え…今
大学辞めるの?
もう学ぶことが
ないから
ヘンダーソンは
大学で機械工学を学び
HBSを
残り3カ月で
自主退学します
バィバ～ィ
もう働くよ
その後
転職を繰り返しました
GEの冷蔵庫部門
9カ月
防爆モーターの
リーランド
3年
ウエスティングハウス
18年
アーサー・D・リトル
3年
メーカー
コンサルティング会社
どれもピンとこないぞ
それにしても
なぜリーランドは
小企業なのに
大企業よりずっと低コストで
生産・販売できるのか
なぜ企業は
不採算な事業や
商品を抱えるのか
企業や市場を
徹底的に分析して
それを動かしている
メカニズムを
見つけ出したい
いろいろと
渡り歩いてきたが
企業は面白い!
もっと知りたい!!
うず
うず
よし

こうなったら私が
コンサルティング会社を
つくるぞ
ヘンダーソンは
ボストン
コンサルティング
グループ（BCG）を
立ち上げます
ドーン
BCG設立の原動力は
ヘンダーソンの
巨大な知的欲求でした
コンサルティング会社を
つくったのはいいが
社員がいないな
さっそく
募集しないと
キュ
キュ
・ビジネス経験
不問
・高度な知的欲求と
知的水準求む
・高給
BCG
ヘンダーソン
これでよし！
HBSの
掲示板に貼ってこよ
ブッブー
お、さっそく来たか
はーい
はーい
ガチャ
求人広告見てきたん
ですけど
BCGって…
君、成績は？
へ？
HBSでは
中くらいですが…

じゃあダメ うちはHBSでもトップクラス以外は採らないから
ひゃあ
できたての会社だったのにトップ人材以外は門前払いでした
ヒィィィィ
勉強してからおいで
オォッカッケー
この考えに惹かれた若者の1人が20年後のCEOジョン・クラークソンでした
ジョン・クラークソン
John S. Clarkeson
(1943～)
数カ月後
よしよし少し増えてきたな
テレビ部品事業でどうしても競合のコストに太刀打ちできないんだ
なるほど調べてみましょう
クラークソンくん「学習効果」を中心に調べてくれないか
ホホゥ
学習効果ですか…？
ゼネラル・インスツルメンツの社長がいらっしゃいました
ん
気になりますね
フフフ
知的欲求発動!!!

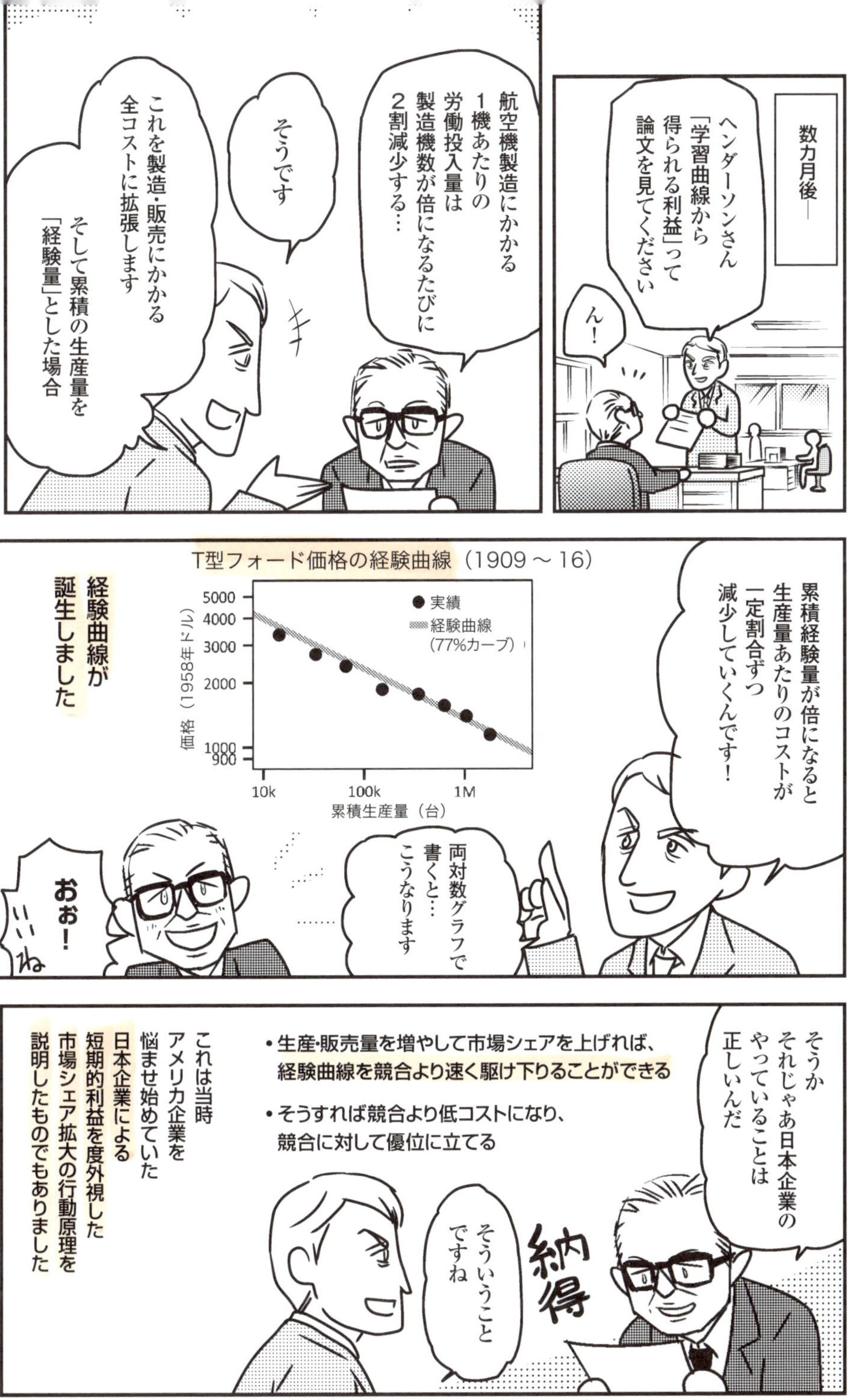

数カ月後——
ヘンダーソンさん「学習曲線から得られる利益」って論文を見てください
ん！
航空機製造にかかる1機あたりの労働投入量は製造機数が倍になるたびに2割減少する…
そうです
これを製造・販売にかかる全コストに拡張します
そして累積の生産量を「経験量」とした場合
累積経験量が倍になると生産量あたりのコストが一定割合ずつ減少していくんです！
両対数グラフで書くと…こうなります
T型フォード価格の経験曲線（1909～16）
実績
経験曲線（77%カーブ）
価格（1958年ドル）
5000
4000
3000
2000
1000
900
10k
100k
1M
累積生産量（台）
おぉ！
いいね
経験曲線が誕生しました
そうかそれじゃあ日本企業のやっていることは正しいんだ
納得
そういうことですね
• 生産・販売量を増やして市場シェアを上げれば、経験曲線を競合より速く駆け下りることができる
• そうすれば競合より低コストになり、競合に対して優位に立てる
これは当時アメリカ企業を悩ませ始めていた日本企業による短期的利益を度外視した市場シェア拡大の行動原理を説明したものでもありました

日本
日本大好き！
日本で働きたい！
ジェイムズ・アベグレン
James Abegglen
(1926～2007)
サムライ
ジェイムズ・アベグレンが『日本の経営』(1958)を発表します
彼は海兵隊員として日本語を学び シカゴ大学で人類学と臨床心理学の博士号を取りながら研究員として日本を訪れていました
Noooo!!
けどADL※もマッキンゼーも日本オフィスをつくってくれない
ケチッ
だったらうちで働いてよ？
へっ
※アーサー・D・リトル
すぐ東京オフィスつくるからさ
うちにおいでよ
ほんと？ じゃあBCGで働くよ
ガシッ
ようこそ！
ヘッドハントしたアベグレンをBCGのナンバー3に迎えます
※同時にミュンヘン(独)オフィスも開設
BCG設立のわずか3年後の1966年にしかも2番目のオフィスとして東京オフィスを設けました※
バンザーイ
バンザーイ
スシ
フジヤマ
カブーキ
ドーン
BCG 東京オフィス
アメリカ至上主義だった経営コンサルティング会社のグローバル化の先駆けでした

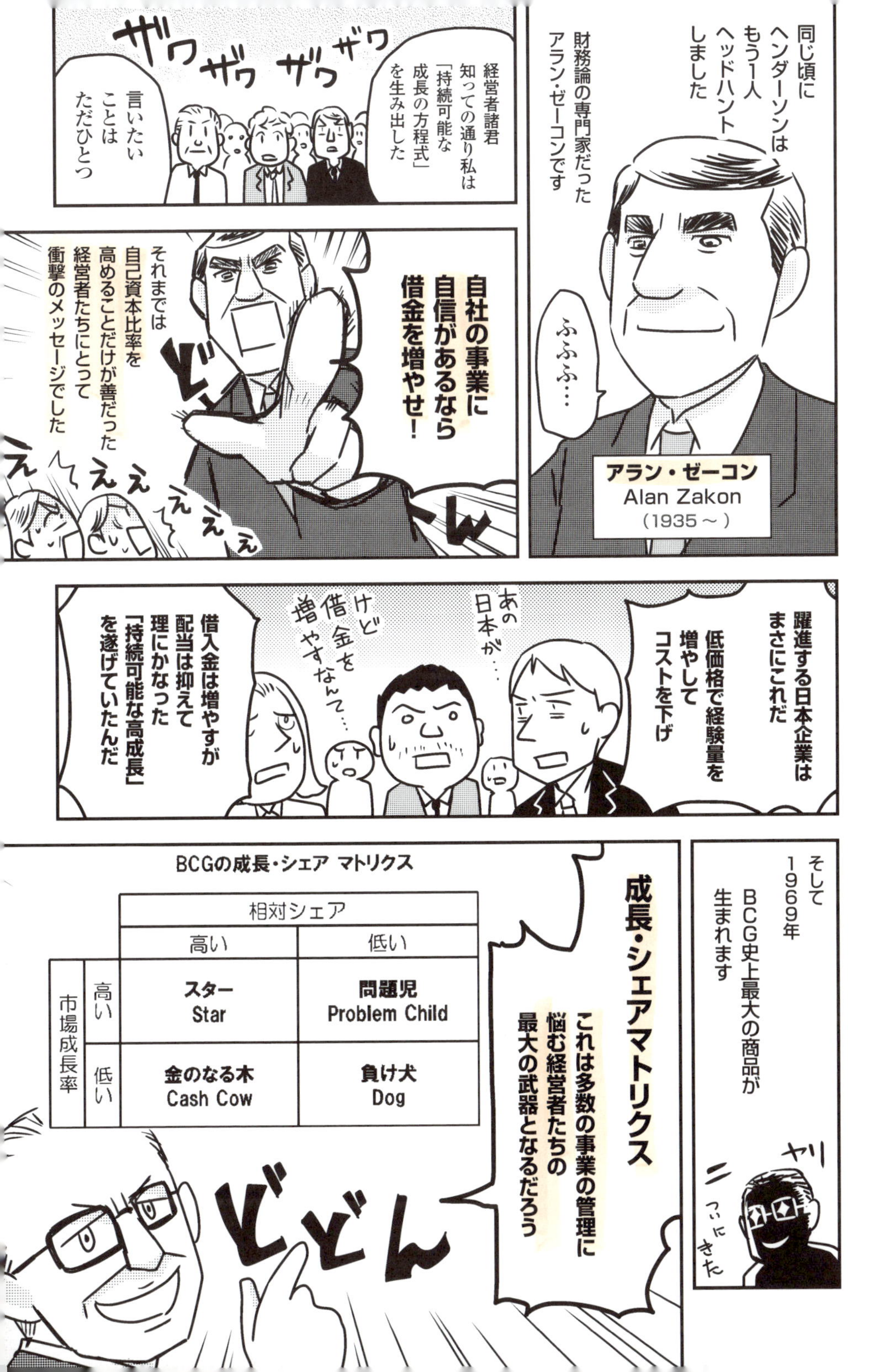

同じ頃に ヘンダーソンは もう1人 ヘッドハント しました
財務論の専門家だった アラン・ゼーコンです
ふふふ…
アラン・ゼーコン Alan Zakon (1935～)
経営者諸君 知っての通り私は「持続可能な成長の方程式」を生み出した
ザワ ザワ ザワ ザワ
言いたいことはただひとつ
自社の事業に自信があるなら借金を増やせ！
どん
それまでは自己資本比率を高めることだけが善だった経営者たちにとって衝撃のメッセージでした
えぇぇぇぇぇ
躍進する日本企業はまさにこれだ
低価格で経験量を増やしてコストを下げ
あの日本が…
けど借金を増やすなんて…
借入金は増やすが配当は抑えて理にかなった「持続可能な高成長」を遂げていたんだ
そして1969年 BCG史上最大の商品が生まれます
ヤリ
ついにきた
成長・シェアマトリクス
これは多数の事業の管理に悩む経営者たちの最大の武器となるだろう
BCGの成長・シェア マトリクス
どどん

		相対シェア 高い	相対シェア 低い
市場成長率	高い	スター Star	問題児 Problem Child
市場成長率	低い	金のなる木 Cash Cow	負け犬 Dog

つくったのは 入社1年目の 天才コンサルタント リチャード・ロックリッジだ
ど…どうも…
パッ
できたのは 偶然なんですけどね…
ロックリッジ ユニオン・カーバイドの 数十もの事業を 競合相手と一覧で 比較できるように してくれないか
は…はい…
うーん
どう整理して 相手に 伝えればいいん だろうか
ある日 クライアントCEOの 予定変更で 数時間待たされていたとき 天啓が訪れます
カラーン
あ!
いいこと 思いついた
カキ
カキ
できた
これ意外と いいんじゃない かな…
相対シェア
高い
低い
市場成長率
高い
低い
スター Star
問題児 Problem Child
金のなる木 Cash Cow
負け犬 Dog
こうしてできた マトリクスは 二重の意味で 画期的なんです
まさに 悩めるCEOの ためのツールです
1 絵としてわかりやすい
2 実際に事業の位置づけを 数値で分析できる
経営レベルから 見たときの 「基本事業方針」と 「基本財務方針」が 明確に示されました

たとえば市場成長率が低く（成熟市場）で相対シェアが高い（リーダー）事業ならそれは「金のなる木」です
BCGの
高
スター
Star
低い
金のなる木
Cash Cow
そこでの基本事業方針は「低成長・高シェアの維持」で基本財務方針は「投資は最小限に留めキャッシュの創出源とする」ですだから「金のなる木」
「金のなる木」事業を投資資金の創出源として金食い虫の「スター」を強化し
ピッ
「問題児」事業は選別の上で重点的に資金投入をする
ピッ
ビッ
相対シェア
高い
低い
スター Star
問題児 Problem Child
金のなる木 Cash Cow
負け犬 Dog
「負け犬」事業は低成長・低シェアなので速やかに売却・撤退すべし
これはCEOのみなさんが部下の事業部長たちと戦うための武器なんです！
おー！！
その4年後に世界を襲った環境激変がこのマトリクスを真のスターに押し上げました
1973年10月6日
エジプト・シリア連合軍がイスラエル軍を奇襲します
直後の10月16日から中東の産油国によってイスラエル支持国（アメリカなど）への段階的な原油の値上げと供給停止措置が打ち出され
サウジアラビアやイラク、クウェートといった産油国も巻き込んで第四次中東戦争が始まりました
原油の価格はたった4カ月で1バレル3ドルから11.7ドルへ約4倍になりました
安価な石油資源の上に成り立っていた先進諸国の経済は大打撃を受けます
oil
oil
oil
$
4倍
11.7ドル
3ドル
time

これまでの経営戦略プランニングは役に立たず環境の急変にもついていけませんでした
こんな大切なときに全然役にたたない！
とにかく多角化で拡大しきっていた事業の整理が急務となりました
そして選択・集中した事業では積極的なシェア拡大戦略が採られました
さぁみんな今がチャンスだ！「成長・シェアマトリクス」を売りまくれっ！
オオッ
BCGは「成長・シェアマトリクス（PPM）」による事業ポートフォリオ再構築プロジェクトを次々に展開し
会社はその規模を飛躍的に拡大させました
1979年
大手企業（フォーチュン500）の半数近くがBCGの「成長・シェアマトリクス」を経営戦略プランニングで利用するまでになりました
相対シェア
高い
低い
市場成長率
高い
低い
スター Star
問題児 Problem Child
金のなる木 Cash Cow
負け犬 Dog
我々BCGは経営者に「使える経営戦略ツール」を提供したことで成功したのだ
これらは事業戦略レベルだけでなく企業戦略レベルの悩みに答え機能別だけでなく統合的な答えを与えました
BCGの３つの革新
「持続可能な成長の方程式」
「経験曲線」
「成長・シェアマトリクス（PPM）」
①「時間」将来を予測できた
②「競争」競争状態を分析できた
③「資源配分」事業間資源配分ができた

『経営戦略の巨人たち』の著者
ウォルター・キーチェル三世
こんにちは
ウォルター・キーチェル三世
Walter Kiechel Ⅲ
それまで漠然とした指針しか与えてくれなかった「経営戦略論」が
これらツールによって「数値的に分析可能」な作業に変わりました
科学的経営を唱えながらも工場の生産性向上に留まったテイラー
それを超え経営全体を科学し分析したのはヘンダーソンたち
私は彼らを「大テイラー主義」者と名づけた!
BCGの経営戦略ツールはすべて一個人ではなくヘンダーソンがつくりあげたBCGの知性と個性のぶつかり合いの中から生まれました
経営者というよりは偉大な知的探究者であった気難し屋のヘンダーソンは間違いなくその知的探究の旅に成功したのです
知的探究

ヘンダーソンによるBCG創業と
3つの飛躍――「時間」「競争」「資源配分」

01

BCG創始者ヘンダーソンの知的欲求

- 大学で機械工学を学び、HBSを残り3カ月で自主退学したブルース・ヘンダーソン（Bruce Henderson、1915～1992）が、ボストン コンサルティング グループ（BCG）を立ち上げたのは1963年、48歳のときでした。「企業や市場を徹底的に分析して、それを動かしているシステムを見つけ出したい」というヘンダーソンの知的欲求が、BCG設立の原動力でした。でもそのためには同じ知的欲求と能力に長（た）けた仲間が必要でした。
- 彼は**「ビジネス経験不問。高度な知的欲求と知的水準求む」**とリクルーティングを開始します。マッキンゼーを超える高給を提示したとはいえ、ブランドも歴史もないのにHBS生すら「トップクラス以外は門前払い」という高飛車な採用です。それに逆に惹（ひ）かれた若者のひとりが、20年後のCEO、ジョン・クラークソン（John S. Clarkeson、1943～）でした。社員番号はまだ1桁でした。

02

BCGは経営戦略に「時間」「競争」「資源配分」を分析的手法で持ち込んだ

- フェイヨルとバーナードが切り拓き、ドラッカーが光をあてた経営戦略論は1960年当時、一般の経営者にとってまだまだ「使えるツール」ではありませんでした。
- チャンドラーの戦略論は（事業部制の部分以外は）曖昧（あいまい）に過ぎ、アンドルーズの戦略プランニング手法はSWOT分析のあとは……アートでした。巨匠アンゾフの経営戦略論は（残念ながら）あまりに難解[※8]で、マッキンゼーは組織戦略に傾注していました。BCGはそこに勝機を見出し、「使える戦略ツール」を提供することに成功しました。
  - ・「持続可能な成長方程式」→将来を予測でき、財務と成長を結びつけた
  - ・「経験曲線」→将来を予測でき、競争力をハカれた
  - ・「成長・シェアマトリクス」→事業間の資源配分ができた
- そしてそれらは、誰よりも企業のトップマネジメントたちを助けました。事業戦略レベルだけでなく企業戦略レベルの悩みに答え、機能別（マーケティング、生産、財務など）だけでなく統合的な答えを与えたからです。79年時点では大手企業の半分近くが、BCGの「成長・シェアマトリクス」（もしくはその類似品）を経営戦略プランニングで利用[※9]するまでになりました。

03

ヘンダーソンが生んだ「大テイラー主義」

- それまで漠然としていた「経営戦略論」が、これらツールによって、突如として「数値的に分析可能」な作業に変化しました。これを『経営戦略の巨人たち』の著者ウォルター・キーチェル三世は**「大テイラー主義」**と名付けました。
- BCGがこの時代に生み出したこれらの経営戦略ツールはすべて、一個人ではなく、メンバーたちの知性と個性のぶつかり合いの中から生まれました。そしてそれらは、実務家たちの間で長く使われることになりました。経営者というよりも偉大な知的探究者であった気難し屋のヘンダーソンは、間違いなくその探究（クエスト）の旅に成功したのです。

※8 アンゾフがまとめた経営戦略プランニング・プロセスには、検討すべきボックスが57個あった。
※9 INSEADのハスペスラフ准教授による調査。1982年にハーバード・ビジネス・レビューで発表。

マッキンゼーの逆襲

フレッド・グラック

オペレーションズ・リサーチで博士号

ベル研で迎撃ミサイル開発のプログラムリーダー

32歳 ビジネス経験なしでマッキンゼーに入社するも社内失業

1988～94年、マネージング・ディレクター

中止を決定した
我々はプロ
君は正しかった
ほう
グラックの上司たちは
夜通し電話で議論を続け
彼の言葉を検証し
即座に意思決定していたのです
チャンスを
やる
ど
当然です
ーん

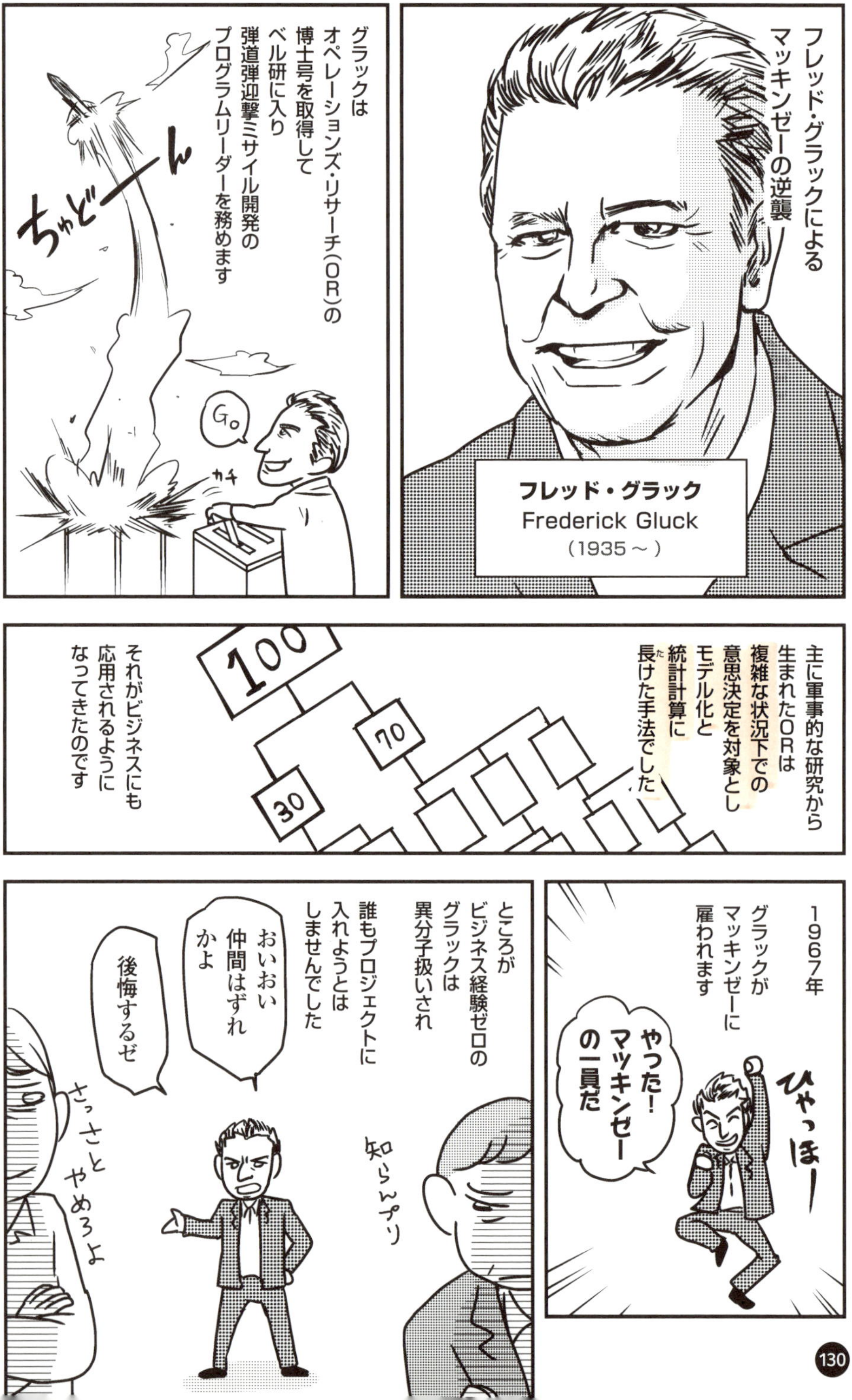

フレッド・グラックによるマッキンゼーの逆襲
フレッド・グラック
Frederick Gluck
（1935～）
グラックはオペレーションズ・リサーチ（OR）の博士号を取得してベル研に入り弾道弾迎撃ミサイル開発のプログラムリーダーを務めます
ちゅどーーん
Go
カチ
主に軍事的な研究から生まれたORは複雑な状況下での意思決定を対象としモデル化と統計計算に長けた手法でした
100
70
30
それがビジネスにも応用されるようになってきたのです
1967年グラックがマッキンゼーに雇われます
やった！マッキンゼーの一員だ
ひゃっほー
ところがビジネス経験ゼロのグラックは異分子扱いされ誰もプロジェクトに入れようとはしませんでした
おいおい仲間はずれかよ
後悔するぜ
知らんプリ
さっさとやめろよ

1年後
ピンチとチャンスが訪れます
1年目
人事評価会議
前
点
ライト 6
グラック 1
グラックは昇給ゼロだな
わかりましたクビですね
しかし人事面接のとき自分が参加していたプロジェクトについて尋ねられた彼は爆弾発言をします
あのプロジェクトはクライアントにまったく価値を生んでいませんよ
なに？
今なんて言った？
だから価値がないんですよ
どういうことだ？
わからないですか？
つまり…
グラックはマッキンゼーとクライアントとのすれ違い状況を詳しい裏づけとともに語りました
…ということです
むむ
翌朝
グラック上司がお呼びだ

我々はプロジェクトの中止を決定した
君は正しかった
ほう
グラックの上司たちは夜通し電話で議論を続け彼の言葉を検証し即座に意思決定していたのです
君にはもっとチャンスを与えよう
チャンスをやる
どーん
当然です
ばーん
・・・
・・・
オレの実力にやっと気づいたか
その後彼は順調に出世を重ねます
1976年にはディレクターになりました
1970年代はマッキンゼー史上もっとも困難な10年でした
BCG
や、やばい
ベイン
業界ナンバーワンでしたが成長が止まりBCGやそこから独立したベインの追い上げを感じていた時期です
ゴゴ
ゴゴゴ

1976年
当時のCEOは
ロン・ダニエルでした
このままでは
いつトップの座を
奪われるかわからない
グラックなら
なんとかして
くれるかもしれない
ダニエルはグラックを
戦略サービスの責任者に
任じます
グラックよ
君に任せる
当然です
さて
まずは合宿だな…
ニヤリ
① 世界中から
若手コンサルタントを
30人集めて
2日間の戦略合宿
みなの意見が
バラバラだとわかって
失望したが
日本からの大前研一は
素晴らしかった
② 大前を含む6人の
スーパーチーム結成
社内外の知見を
体系化しました

③
全パートナー※に
1週間の社内セミナー合宿
これは面白い!
講師側より
参加者の知見のほうが
素晴らしいじゃないか
もりあがってるな
④
社内向けの
スタッフペーパーを発表
戦略コンセプトを
前面に
押し出したものになったな
どーーーん
どうだ?
順調かな?
キラン
もちろん
社内セミナー合宿が
特によかったですよ
グラックは
15~20人ずつ
パートナーたちを集めた
1週間セミナー合宿を
2年間やり続けました
そうしてマッキンゼーを
企業・事業戦略サービスへと
引っ張っていったのです

※株主兼役員

1979年
グラック よくやってくれた 売上の半分が 戦略分野から 上がるように なったじゃないか
スゲーよ 君は
ガシッ
ええ… 当然です
思った 通り
ただ残念ながら 当時つくられた 多くの戦略コンセプトで 生き残ったものは ほとんどありませんでした
う… うるせー
それでも マッキンゼーは その戦略サービス強化を 大前の力も借りて 推し進めます
数年後
よびました?
グラックよ 私のあとは 君に任せたい
ご心配なく 後悔はさせませんよ
遅いくらいです
マッキンゼーのトップは パートナーたちによる 「民主的」投票で決まります
投票箱
この人事こそが 「ザ・ファーム」と 呼ばれたマッキンゼーが 「ザ・ストラテジー・ファーム」 となった証だったのです
さあみんな オレに ついてこい!!
Mckinsey &Company

グラックによるマッキンゼーの逆襲

001

迎撃ミサイル開発者グラック、マッキンゼーで大暴れ

- 1967年、異分子がひとりマッキンゼーに雇われます。苦学して大学を出、オペレーションズ・リサーチ（OR）の博士号を取ったあと、ベル研に入り、弾道弾迎撃ミサイル※10開発のプログラムリーダーを務めたフレッド・グラック（Frederick Gluck、1935〜）でした。ORはテイラーの子どもです。主に軍事的な研究から生まれたORは、複雑な状況下での意思決定を対象とし、モデル化と統計計算に長けた手法でした。それがビジネスにも応用されるようになってきたのです。
- ところが入社したものの、ビジネス経験ゼロのグラックを誰もプロジェクトに入れようとしません。入ったプロジェクトでも低評価。しかし彼は冷静にそのプロジェクトの根本的問題を上司に指摘し、認められます。プロジェクトは即、中止されました。
- その後、彼は順調に出世を重ね、９年後にはディレクター（シニア・パートナー）に名を連ねました。同年、ロン・ダニエルがマッキンゼーのトップに立ち、その**「戦略サービス強化」への改革をグラックと推し進める**ことになります。

002

グラックは戦略ツールでなく、缶詰合宿でパートナーたちを変えた

- 1970年代はマッキンゼー史上、もっとも困難な10年でした。業界ナンバーワンではありましたが、成長が止まり、BCGやそこから独立したベインの追い上げを感じていた時期でした。その脅威に正面から立ち向かうためにダニエルは、グラックを戦略サービス（組織改革やオペレーション改革以外の企業・事業戦略）の責任者に任じます。
- グラックはさまざまな手を打ちましたが、結局「パートナー（経営幹部）に1週間の社内セミナー合宿」が一番効きました。彼らは2年間にわたって15 〜 20名ずつパートナーたちを集めた1週間セミナー合宿を開き続け、マッキンゼーを「企業・事業戦略サービス」へと引っ張っていきました。**1979年には売上の半分が「戦略」分野から上がるように**なり、その目的を達します。
- ただ残念ながら、当時つくられた多くの「戦略コンセプト」で生き残ったものはほとんどありませんでした。BCGの「成長・シェアマトリクス」に似た、3×3の9象限による「GE・マッキンゼーマトリクス」なるものも登場しましたが、あまりの複雑さにグラック自身が戸惑うほどでした。
- それでもマッキンゼーはその「戦略サービス強化」を推し進めます。その仕上げは12年間トップを務めたダニエルのあとを、グラックが継いだことでした。トップはパートナーたちによる「民主的」投票で決まります。**ツールでもコンセプトでもなくこの人事こそ**が、「ザ・ファーム」と呼ばれたマッキンゼーが「ザ・ストラテジー・ファーム」となった証（あかし）だったのです。

※10 アメリカ陸軍のスパルタン・ミサイル。敵国の弾道弾ミサイルの弾道弾を宇宙空間で迎撃するための核弾頭付きミサイルである。

01 Taylor
02 Ford
03 Mayo
04 Fayol
05 Barnard
06 Drucker
07 Ansoff
08 Chandler
09 Bower
10 Andrews
11 Kotler
12 Henderson
13 Gluck
14 Porter
15 Canon-Honda
16 Peters
17 Bmarking-Robert
18 Stalk
19 Hammer
20 Hamel-Prahalad
21 Foster
22 Terman
23 Senge-Nonaka
24 Barney

「ポジショニング派」のチャンピオン

マイケル・ポーター

HBS MBA の後、経済学部で博士号取得。「5 カ分析」を開発

HBS 教員にをクビになりかけるが大ヒット科目「ICA」を開発

33 歳『競争の戦略』が大ベストセラーになる

35 歳 HBS 史上最年少で終身在職権を持つ正教授に

とはいっても戦略もその立て方も企業が置かれた状況次第で無限に存在するものさ
アンドルーズ
ちょっと待った～！
やべっ
状況は定型的に分析しうるしパターン化できますよ
答えはパターン化できますよ
何を言ってるんですか
ポーターはHBSでの恩師たちの結論に異を唱えました
ポーターこそが大テイラー主義の権化だったのです

ポジショニング派のチャンピオン
いよいよマイケル・ポーターの登場です
経営戦略論100年史の中でも彼ほど長くかつ強い光を放ち続けてきた人物は他にいません
マイケル・ポーター
Michael E. Porter
(1947～)
プリンストン大学で航空工学を学んだ後
HBSのMBAコースでビジネスを学び始めます
ふむふむ
なるほど
R.クリステンセン
アンドルーズ
そこでローランド・クリステンセンやケネス・アンドルーズの講義に感銘を受けさらに学び続けます
しかしMBAの上のDBA(経営学博士)コースには進まずチャールズ川の対岸ハーバード大学経済学部の博士課程に進みビジネス経済学の博士号を取りました
Ph.D.
よゆー
Get だぜ
ビジネスや戦略を学ぶことよりより学術的で厳密な分析力を磨くほうがいいだろ
ポーターの博士論文「ファイブ・フォース(5力)分析」は経済学部で最優秀賞を取ります
こんなのとっちゃった
最優秀賞
でもHBSでは不評でした
ヒソヒソ
何がファイブ・フォース分析だ
まったく実用的じゃないよ
ヒソ
ヒソ
ヒソ
HBSの教授たち

HBSに教員として戻ったポーターでしたがその座は極めて危うくクビ寸前でした
うっとうしいな
ムムッ
なまいきだ
あいさつないぞ
しかしポーターはICA（産業と競争分析）という大人気科目を開発し生き残ります『競争の戦略』という大ホームランも放ちます
戦略は経済学で分析できるのだ！学生よ 学べ！
『競争の戦略』という名だが産業分析の本だ！ビジネスマンよ 学べ！
おおおおおお
『競争の戦略』はビジネス系の学術書としては空前の売れ行きとなりました
Michael Porter
負けた
くやしい
くそぉぉぉ
どんなもんだ
ポーターはわずか35歳でHBSの正教授になったのです
経営戦略論の歴史の中でポーターが残した功績を経営ツール的にいえば「5力分析」「戦略3類型」「バリューチェーン」の3つです
それではひとつずつ説明しよう
まず「5力分析」これがICA（産業と競争分析）や『競争の戦略』の中核です
5力フレームワーク
新規参入者 Entrant
①
供給者 Supplier
⑤
競合 Competitor
②
④
買い手 Buyer
③
代替品 Substitution
①参入障壁×反撃予想
②撤退障壁×競合特性
③機能代替性×価格差
④ ⑤集中度、重要性、差別性、代替性
競争の戦略をたてるのに一番大切なのは「業界構造」の理解だ
それはこの「5つの力」で見ればいい!!

そもそも経営戦略論の目的は企業をより儲かるようにすること
だから「儲けられる市場」を選び
かつ競合に対して「儲かる位置取り」をしていないとどんなに努力してもムダ
ぴょん
ポジショニングジャンピング
儲かる位置取り
儲けられる市場
この2つが「ポジショニング」なのだ！
儲けられる市場
儲かる位置取り
しかし実は5力分析はビジネス対象が「儲けられる市場」かどうかを判断するためだけのものでした
そうはいっても多くの戦略関係者にとって5力分析は福音なのだよ
アンドルーズはSWOT分析を広めましたがどう外部環境の「機会」や「脅威」を見出すかは曖昧でした
そこにポーターは50項目の外部環境分析リストを提示したのです
ザ・50分析リスト
わぁい これは楽ちんだ！
5力分析は外部環境分析のための万能ツールであるかのように使われ始めました
もうひとつ提示したのが「戦略3類型」です
「儲かる位置取り」には3種類しかない
まずはその市場の中で全体を相手に戦うのか否か
さらに全体で戦うときの位置取りの「コストリーダーシップ戦略」か「差別化戦略」かだ
そして自分たちが有利になりそうな市場の一部（ニッチ）のみを対象として戦う「集中戦略」か
へぇぇ…

ポーターの戦略3類型

		競争優位の源泉	
		コスト	差別化
対象市場	広い	**コストリーダーシップ** Cost Leadership	**差別化** Differentiation
	狭い	**集中** Focus コスト・集中	差別化・集中

先生もっと詳しく説明してください
いいだろう「コストリーダーシップ戦略」では全社的な低コストで戦うんだ
競合よりコストが低い分を低価格としてもいいしマージンを厚くしてチャネル(卸や小売り)を囲い込むのもいいだろう
フォードのT型はまさにこれだった
「差別化戦略」ではどうやって戦うんですか?
付加価値
差別化戦略ではお客に対する付加価値の高さで戦うんだ
GMは後発として自動車市場に乗り込み高品質・高価格のキャデラックなどで市場を席巻しただろう
まさに差別化戦略だな
企業は究極的に自分たちが何で戦うのか
どんなポジションを目指すのかを決めなくてはならん
全体市場を捨てて ニッチを防衛するのか
全体市場の中でもコストの低さでいくのか
それとも付加価値の高さで戦うのか!
さあ どうする!
ポーターは「5力分析」「戦略3類型」の2つで経営戦略論における「ポジショニング派のチャンピオン」と称されるようになります

でもポーターの『競争の戦略』に
具体的な企業・事業戦略の
記述はほとんどありません
そりゃそうさ
この本は基本的には
産業と産業構造分析
についての本だ
それが私の
研究テーマ
だったんだから
COMPETITIVE STRATEGY
Michael E. Porter
そこで彼は
経営戦略を「経済学的な
ポジショニングの選択の問題」に
単純化してみせたのでした
とはいっても
戦略もその立て方も
企業が置かれた
状況次第で無限に
存在するものさ
フフン
アンドルーズ
R・クリステンセン
ちょっと待った〜!
やべっ
きかれた
状況は定型的に
分析しうるし
答えはパターン化
できますよ
ポーターは
HBSでの恩師たちの
結論に異を唱えました
ポーターこそが
大テイラー主義の権化
だったのです
何を言ってるんですか
HBSをポジショニング派と
大テイラー主義的な経営戦略論の
牙城とするために
DBA出身者は邪魔だ
彼は徐々にHBSの教員を
旧来のDBA出身者から
経済学系の博士号取得者に
入れ替えていきます
1985年
『競争優位の戦略』で
ポーターはもうひとつの
ヒットを飛ばします
バリューチェーン
カキーン
それは
「バリューチェーン」だ!

バリューチェーンは企業の諸活動を主活動5つと支援活動4つの計9つに区分したものです
企業の成功のためには「よい(儲かる)ポジショニング」だけでは足りない
ポジショニングを維持するための「よい(儲ける)企業能力(ケイパビリティ)」が必要だ
全般管理(インフラストラクチャ)
人的資源管理
技術開発
調達活動
支援活動
購買物流
製造オペレーション
出荷物流
マーケティングと販売
サービス
マージン
マージン
主活動
Competitive Advantage
CREATING AND SUSTAINING SUPERIOR PERFORMANCE
Michael E. Porter
企業の各部門を価値創造の「連鎖(チェーン)」と捉えたこの概念はその抜群のネーミングのお陰でその後広く長く使われることになります
しかしポーターにとってケイパビリティの位置づけはあくまで限定的・従属的なものでした
ケイパビリティ強化はポジショニング実現の手段に過ぎない
ケイパビリティとは活動プロセスつまりバリューチェーンのことだよ
ケイパビリティ？
笑わせるぜ
リーダーシップ論や組織・企業文化論なんておまけさ
ゴゴゴ
そんなポーターへの最大の脅威はなんとマッキンゼーのコンサルタントたちでした
ビクッ
な、なにやつ
ゴゴゴゴ
トム・ピーターズ
そしてそれを促したのはキヤノンやホンダといった無鉄砲な日本企業たちだったのです

ポジショニング派のチャンピオン、ポーター登場

01 新米ポーター、HBSの古株教授たちを『競争の戦略』でねじ伏せる

- さていよいよ、マイケル・ポーター（Michael E.Porter、1947 ～）の登場です。この経営戦略全史100年の中でも、彼ほど長くかつ強い光を放ち続けている人物は他にいません。プリンストン大学で航空工学を学んだあと、彼はHBSのMBAコースでビジネスを学び始めます。そこで、アンドルーズやローランド・クリステンセンの講義に感銘を受け、さらに学び続けることにしました。でもその上のDBAコースには進まず、ハーバード大学経済学部でビジネス経済学の博士号を取りました。当時、HBSの教員たちはみなDBA取得者ばかりだというのに。
- ポーターが博士論文で生み出したのがあの「ファイブ・フォース（Five Forces）（5力）分析」（1975）でした。経済学部で優秀賞を取ったその論文はしかし、HBSではすこぶる評判が悪く、ポーターがHBSに教員として戻って数年後、准教授への昇進判断の際には、ほぼ全員が反対票を投じました。それを、次期学長が救ってくれました。「もう1年、様子を見よう」と。
- その猶予の中で、ポーターは大逆転ホームランを放ちます。ICA（産業と競争分析）という名の人気科目を開発し、大ベストセラーの『競争の戦略』（1980）を書き上げます。ポーターはわずか35歳でHBSの正教授になり、先輩諸氏をねじ伏せました。

02 ポーターは「ポジショニングとトレードオフがすべて」と断じた

- 経営戦略論の歴史の中で、ポーターが残した功績を経営ツール的に言えば「5力分析」「戦略3類型」「バリューチェーン」となります。
- ポーターは「ポジショニング」を重視しました。経営戦略の目的は企業が収益を上げることにあり、そのためには「儲けられる市場」を選んで、かつ競合に対して「儲かる位置取り」をしていないと、どんなに努力しケイパビリティを磨いてもムダだと。この2つが、ポジショニングです。
- 「5力分析」は、「儲けられる市場」かどうかを判断するため（だけ）のものでした。そして「戦略3類型」は、「儲かる位置取り」を示すものでした。それは3種類（細かくは4種類）しかない！と彼は主張しました。
- **ポーターは経営者にトレードオフを迫ります。究極自分たちは何で戦うのか、どんなポジションを目指すのかを明らかにせよ**、と。「5力分析」「戦略3類型」、この2つで彼は、経営戦略論における「ポジショニング派のチャンピオン」と称されるようになりました。
- 「バリューチェーン」はケイパビリティを記述するための枠組みでしたが、彼の考えるケイパビリティは、あくまでポジショニングを実現するための手段に過ぎず、競争優位の源泉ではありえませんでした。
- それらに対する反旗は、すでにマッキンゼーから翻されていました。「7S」（1978）という経営ツールが、その端緒でした。そしてそれを促したのは、ある種無鉄砲な日本企業たち（キヤノンやホンダ）だったのです。

Chapter 1
Chapter 2
Chapter 3
Chapter 4

第4章

ケイパビリティ派の群雄割拠

『エクセレント・カンパニー』のピーターズと『タイムベース競争戦略』のストーク

ストーク

トム（ピーターズ）がロバート（ウォーターマン）と書いた『エクセレント・カンパニー』（1982）って 500 万部も売れたんだって！

ピーターズ

そうなんだよ～。あの頃はほんと忙しくてさ。全米中、講演に飛び回ってた。年間 200 回って感じだったね。でも、だからといってコンサルティングの大きな仕事になるわけじゃなかったから、ちょっと肩身は狭かったかな。

ストーク

だから出版前にマッキンゼーを辞めちゃったわけだ。せっかく頑張って入ったのにねえ。

ピーターズ

まあもともと普通のキャリアじゃなかったしね。
興味の向くままいろいろ勉強してたら 32 歳になっちゃってた。
何回か受けてやっとマッキンゼーに入ったら、ちょうどマッキンゼーが組織や戦略のコンセプトづくりをしようとしていたところで、ホントいいタイミングだった。

ストーク

そこであの「7S」をつくったんだね。

ピーターズ

世界中の優良企業を調べ始めてすぐわかった。
企業の成功は戦略（Strategy）と組織構造（Structure）だけで決まるわけじゃないって。他にもスタッフ（Staff）やそのスキル（Skills）、全体のシステム（Systems）や経営スタイル（Style）、そして共通の価値観（Shared value）で決まるんだってね。

エクセレント・カンパニーの消滅

ストーク

でも社内では、うけなかった…？

ピーターズ

これじゃコンサルティングにならない、ってね（笑）

ストーク

あの本で取り上げていた超優良企業 43 社もあの後、
大変だったみたいだねえ。
栄枯盛衰（えいこせいすい）、激しくて。

ピーターズ

ホントだよ。『エクセレント・カンパニー』で取り上げたお陰で、
あの後もずっと業績をウォッチされちゃって。
パスカルなんて友だちなのに意地悪でさ、15 年も経ってから「43 社中、
半分が 5 年でダメになり、今では 5 社しか超優良とはいえない」なんて。
でも彼がそのとき挙げた優良企業 6 社もその後、全滅したけどね（笑）

ストーク

あらら…。

ピーターズ

そういうこともあって、今は 7S はお蔵入りだねえ。
ところでジョージのはどうなのよ。「タイムベース競争戦略」だよね。

タイムベース競争

ストーク

コンサルティングの仕事には大いに役立ったよ。みんな協力してくれたしね。
ボクが BCG 東京オフィスにもしばらく行って調べてきたものだから、
日本はともかく、米欧の BCG オフィスはあれで 5～6 年は忙しかったん
じゃないかなあ。

ピーターズ

すごいじゃない。

ストーク

やっぱりさ、コンサルティングだと測れないことや、分析できないことって
ダメでしょ。大テイラー主義ってやつかもしれないけどさ。
だから日本に行ったときも、いろいろ測ったよ～。
秋葉原に行って冷蔵庫のドアの数まで数えた。

ピーターズ

冷蔵庫のドア？

ストーク

そう。7ドアなんてのもあった！ アメリカには2ドアか3ドアしかないのに…。まあそれはともかく、日本メーカーの多品種少量生産の秘密を研究してたら「時間だ！」って閃（ひらめ）いたんだ。社内のコスト削減も多品種化もリスク削減も顧客への提供価値も、全部、時間が鍵だったんだよ。

ピーターズ

それでストップウォッチ片手に、BCG コンサルタントが現場や顧客に密着したわけだ。

ストーク

そう。いくら「ポジショニングじゃない、ケイパビリティだ」って叫んだって、分析できないんじゃ、変えようがないからね。

なにがまずかったのか？

ピーターズ

確かにねえ。同じことを BPR のハメルも言っていたよ。
でもさ、BPR もタイムベース競争も、一時期の流行りで終わっちゃったのはなんでなのかな？ ポーターの「やっぱりね」って声が聞こえてきそうじゃん。

ストーク

痛いとこつくなあ。さて、なんでだろう。
結構、大きな改革につながったし、成果も出たんだけどなあ…。
やっぱり手本にした日本企業自体が弱くなったから、か。

ピーターズ

少なくともボクの本は、ポーターのよりは面白かった。
産業や企業じゃなくて人が主人公だからだ。そして多くの追従者が生まれた。
ジム・コリンズの『ビジョナリー・カンパニー』、ハメルらの『コア・コンピタンス経営』、ジョン・コッターの『企業変革力』、みんなそうさ！

ストーク

BCG はやっぱりコンセプト命、かな。
「タイムベース競争戦略」の次の次は「アダプティブ戦略」さ。
これからが本当の勝負だ！

「無鉄砲」な日本企業たち

キヤノンとホンダ

キヤノン

1970 年 PPC を開発しゼロックスの牙城を崩

1982 年 ミニコピアを投入し市場を拡大

ホンダ

1959 年 アメリカのバイク市場に参入。
5 年でシェア 50%に

1963 年 自動車製造に乗り出す

1970 年 アメリカの自動車市場に参入。
CVCC 開発成功

1977 年 アメリカにバイク生産工場。
5 年後、自動車の生産工場立ち上げ

そんな時アメリ
「5年以内に
排気ガス中の有害成分を
10分の1にせよ」という
マスキー法が
議会を通ります
考え直せ
無茶だ
不可能だ
ブーブー
フォード
クライスラー
GM
ニヤリ
チャンスだ

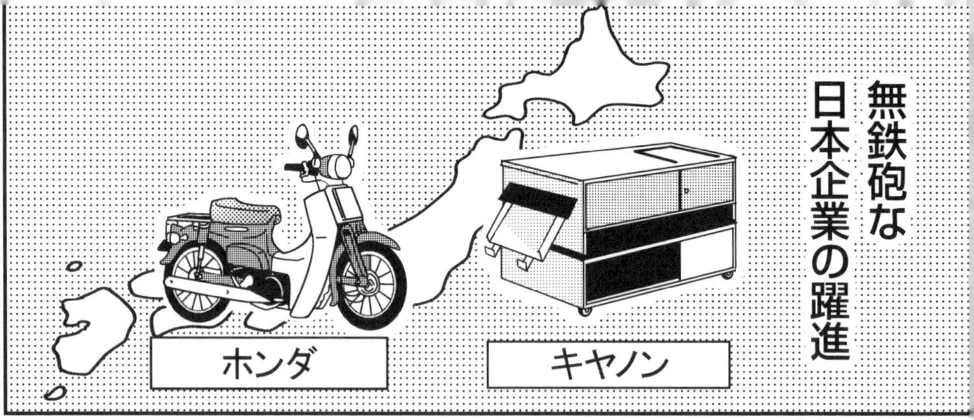
無鉄砲な
日本企業の躍進
キヤノン
ホンダ

覇者ゼロックスに唯一挑んだキヤノン

1962年
キヤノンは
第一次長期経営計画で
多角化を謳(うた)い
わずか数名で
普通紙複写機※の
研究を始めました
普通紙複写機
キヤノン
第1次長期経営計画
しかし普通紙複写機市場は当時
ゼロックスが
600件にも及ぶ特許と
従量課金のレンタル方式を
採ることで
「20年は崩せない」
といわれた鉄壁の
ビジネスモデルを
構築していました
XEROX
CORPORATION
キヤノン

※それ以前は湿った特殊紙でのコピーだった

普通紙複写機市場は
大きく成長しそうな市場で
「儲けられる市場」
ではありましたが
「儲かる位置取り」が見えず
誰も
参入しませんでした
ゼロックスの
独占市場なら
逆に大きなチャンス
そんなこと
ないぞ!!
他が入って
こないんだから
市場の
半分が取れる
じゃないか!
CANON
キヤノン
キヤノン
ぐぅおぉ
おおおおお

ポジショニング派に言わせればキャノンの「挑戦」は無鉄砲以外の何物でもありませんでした
HAHAHA
わかってないね
ムリムリ
笑いたい奴には笑わせておけ
カコン
キコン
1970年ついにキャノンは普通紙複写機NP-1100を88万円で発売します
当時ゼロックスが築きあげた特許の壁を乗り越えての独自方式のものでした
どうだ
大企業を避けて中企業ユーザー向けにつくりました
CANON
どーーーん
¥880,000
1982年にはカートリッジ方式を採用した3色カラーのミニコピアPC-10を24・8万円で投入
ワーワー
大売り出し
キャノン
オオッ
ナント!
小・零細企業をも顧客として開拓に見事成功しました

ビッグ3に技術(だけ)で挑んだホンダ

1959年バイクでアメリカ市場に攻め入ったホンダは
63年自動車製造に乗りだし70年アメリカ本土への販売を始めます
HONDA
しかし1970年代日本製の小型車はほとんど受け入れられませんでした
車ならフォード・GM・クライスラーのビッグ3だろ
安かろう悪かろうの日本製など誰が買うか

参入当時の企業規模はGMとは68倍ビッグ3最下位のクライスラーとでも13倍以上の差がありました
GM 68倍
フォード
プイッ
本田宗一郎
（1906～1991）
そんなもの関係ないとにかくやるんだ！
ホンダはあきらめず一番市場の大きなアメリカで勝負すると決めていました
そんなときアメリカで「5年以内に排気ガス中の有害成分を10分の1にせよ」というマスキー法が議会を通ります
考え直せ
無茶だ
不可能だ
ブー
ブー
フォード
クライスラー
GM
ニヤリ
チャンスだ
ホンダ技術陣は総力を上げ環境エンジンCVCCを開発世界で最初にマスキー法基準を見事クリアしましたその技術力を世界に見せつけます
よくやったぞ！
ワーイ
ワーイ
ドーン
そんなバカなっ！
GM
フォード
1973年のオイルショックも追い風になりましたガソリン代が急騰しホンダの低燃費で排気ガスが少ない小型車は大いに売れたのです
ガソリン代安くてたすかるぅ
やったぜ
1977年
MBA
さぁみんなに質問だ

ホンダは国外の自動車市場に参入すべきだったのだろうか？
すべきでなかったであろうか？
リチャード・ルメルト
Richard Rumelt
（1942～）
キミ答えてみなさい
えっと…するべきじゃないですか
残念ハズレだ
どうしてですか？
ホンダは無謀なんだよ
理由は4つだ
カッ
カッ
1. すでに欧米市場は飽和状態にあった
2. 優れた競争相手が、すでに日米欧にいた
3. ホンダは、自動車に関する経験が皆無に等しかった
4. ホンダは、自動車の流通チャネルを持っていなかった
君こそ間違っている！
なにっ
＊フィクションです
あなたは本田宗一郎さん
我々には勝算がありました
1976年フォードの基幹工場を見学したときに確信したんです
フォード基幹工場

おおっ…
圧倒的な規模や…
さすが
アメリカやな…
古くないっすか？
たしかに
生産方式や思想が
50年前と同じじゃ
?
アメリカでも
十分に
やっていけるぞ！
コソ コソコソ
…
でも
なんか
1977年
ホンダは
日本企業として初めて
オハイオ州に65億円を投じて
バイクの生産工場を立ち上げ
5年後の82年には
ついに自動車の生産を
始めます
ドドン
HONDA
オハイオ州
さぁ
バンバン
つくるんだ！
オオオォ
若きエース
入交昭一郎（いりまじり）に率いられた
生産会社HAM※は
従業員たちを
ワーカーではなく
アソシエイトと呼び
ホンダの哲学や生産理念を
現地流に引き直した
「ホンダ・ウェイ」をつくり上げ
圧倒的な高品質と
高生産性を達成します
そしてホンダは
「規模」や「経験曲線」
という既存の壁を
見事に突き破りました
信じられない…
今やわが妻の愛車も
ホンダ車になってしまった…

※Honda of America Manufacturing

2派の論争を生んだホンダ2輪車の大成功

それにしても日本の企業はいったいなんなんだ
What
ポジショニング派A
我々の常識をどんどんと覆していく…
考えられん
そもそもホンダはなぜアメリカのバイク市場で成功したんだ
ポジショニング派B
ポジショニング派C
アメリカに進出した1959年当時ホンダは年産28万5千台を誇る日本一のメーカーだった
その原動力は排気量50cc 4ストロークエンジンのスーパーカブ
しかしアメリカでは500cc以上の中大型バイクしか走っていない
ワィ
ワイ
ワイ
ほとんどが国産のハーレー・ダビッドソンやイギリス車だぞ
しかしホンダはそこに革命を起こした
そのポジションに穴をあけた
文字通り小型バイク市場を創造したんだ
スゲーよな
スーパーカブは価格的にも品質的にも競合に圧倒的な差をつけており
わずか5年後の1964年にはアメリカで売れるバイクの2台に1台はホンダのものとなりました
そしてその効果はやがて中大型バイクにも及びます

ホンダは
輸入車トップのイギリス車
トライアンフに続いて
本家ハーレー・ダビッドソンをも
アメリカ市場の
トップの座から追い落とします
このままでは
ホンダの勢いに
やられてしまう
BCGに
分析して
もらえ
イギリス政府
BCGの報告書
です
なになに…
ホンダは「経験曲線」に基づく
「コストリーダーシップ戦略」で
新しい市場創造に成功した
その後そこでの
経験曲線を利用し
既存市場（中大型バイク）をも
席捲（せっけん）するでしょう…だと
な…
なんてことだ
残念ながらその分析が
イギリスのバイク産業を
救うことはなく
トライアンフは消滅します
ポジショニング的
企業・事業戦略の典型として
この報告書は
ビジネススクールの教材として
盛んに使われました
1984年
衝撃的な論文が
カリフォルニアから
現れます
ドドーン
マッキンゼーの
リチャード・パスカルが書いた
「戦略の視点〜ホンダの成功の背後にある本当の物語」です
日本企業は
素晴らしい
リチャード・パスカル
Richard Pascale
（1938〜）

日本企業研究に打ち込んだ彼は驚くべき結論を導き出しました
わかったでござる
ホンダのすべて
ホンダに当初戦略はなかった
ホンダの戦略は失敗を積み重ねる中で創発的に生まれたものだ!
HONDA had No Strategies
ホンダの試行錯誤や非分析的・非計画的行動が経営幹部6人へのインタビューによって明らかにされています
なぜアメリカで小型バイク市場を創造しようと思ったのデスか?
アメリカ人に馬鹿にされたくなくて中大型バイクを中心に売るつもりだったんですが大して売れませんでした しかも長距離乗られて故障ばっかり
ところが社員が乗り回していたスーパーカブが注目されたんでそれをまじめに売り出すことにしたんです
そしたら大当たり!
売上目標はどうやって決めたんデスか?
どんな調査をシマシタカ?

わっはっはっ
調査なんかしてないですよ
ただの勘です
なぜ進出先に欧州でなくアメリカを選んだのデスか？
戦略を聞かせてください
え
いや 戦略なんてありませんでしたよ
ただ本場のアメリカでどれだけやれるか挑戦したかっただけです
パスカルの唱えた「ホンダ効果」※は「人間的要素」「計画的より創発的」の重要さを示したことで
それまでポジショニング派が信奉していた大テイラー主義をも脅かします
ドカン
大テイラー主義
キヤノンには多角化への意思と長期計画はありましたが市場の選び方はやはりポジショニング派の「儲けられる市場」や「儲かる位置取り」ではなく
参入の難しそうな大きな市場
ゴロゴロ
参入障壁を乗り越えられる「ケイパビリティ」があればよしダメなら破滅さ
なんとかなるでしょ

※欧米人は成功の理由として機械的・合理的・計画的な要因を求めたがるということ

キヤノンには
さまざまな「ケイパビリティ」が
ありました
それを活用して
参入しうるところを
探したら
それが複写機市場
だったのです
つまり
「ケイパビリティ」が
「ポジショニング」を
決めたのです
パスカルの
『戦略の視点』に対して
BCG報告書の
共同執筆者であった
マイケル・グールドが
反論します
ポジショニングこそ成功のカギだよ
まったく
バカバカしい
ハハハハ
マイケル・グールド
Michael Gould
それに対して
マギル大学の
ミンツバーグが
再反論し…
いやいや
ケイパビリティ
なめんなって
ポジショニング
VS
ケイパビリティ
1980年代
ポジショニング派と
ケイパビリティ派の
熱い戦いの幕が
切って落とされました
ジャジャジャーン

無鉄砲な日本企業の躍進――キヤノンとホンダ

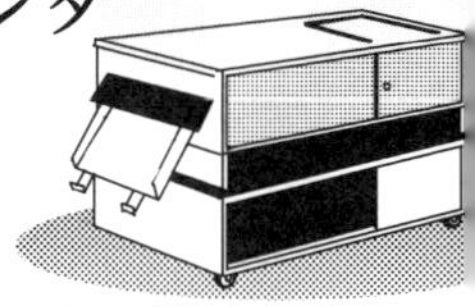

01 絶対王者ゼロックスに技術で挑んだキヤノン

- 1970年、キヤノンはついに普通紙複写機NP-1100を発売します。ゼロックスが築き上げた特許の壁を乗り越えての独自方式のものでした。キヤノンは、ゼロックスの主要顧客であった大企業を避けて中企業に注力するとともに、82年にはカートリッジ方式を採用した3色カラーのミニコピアPC-10を24.8万円で投入して、小・零細企業をも顧客とします。
- 62年当時、普通紙複写機市場でゼロックスは600件にも及ぶ特許と、従量課金のレンタル方式（大きな資金力を必要とする）を取ることで、「20年は崩せない」といわれた鉄壁のビジネスモデルを構築していました。それを正面突破しようとする企業は、世界中に1社もありませんでした。普通紙複写機市場は、大きく成長しそうな市場で「儲けられる市場」ではありましたが、「儲かる位置取り」がありえなかったからです。
- ですからポジショニング派に言わせれば、キヤノンの「挑戦」は無鉄砲な日本企業の「暴挙」に過ぎませんでした。しかしそれは実現され、キヤノンをカメラメーカーから事務機器メーカーに変身させ、世界企業へと押し上げました。

02 ハーレー・ダビッドソンにスーパーカブで挑んだホンダ

- 日本国内で後発であったにもかかわらず、ホンダはその技術力でトップに上り詰めます。排気量50cc 4ストロークエンジンのスーパーカブがその原動力でした。しかし、1959年に参入したアメリカでは、500cc以上の中大型バイクしか走っていませんでした。ほとんどがハーレー・ダビッドソン、一部が欧州からの輸入車でした。ホンダはそこに革命を起こします。小型バイク市場を創造したのです。伝説の大ヒットキャンペーン「ナイセスト・ピープル（Nicest People）」の後押しもあり、スーパーカブは売れまくります。日本市場での量産効果に支えられたスーパーカブは、価格的にも品質的にも競合に圧倒的な差をつけており、わずか5年後の64年にはアメリカで売れるバイクの2台に1台はホンダのものとなりました。
- そこでの経験曲線に支えられたホンダは、やがて中大型バイクでもシェアを伸ばし、輸入車トップのトライアンフに続いて、ハーレー・ダビッドソンをもアメリカ市場のトップの座から追い落とします。それはBCGレポートによって「戦略的な勝利」とされました。

03 戦略よりも気合いと根性？

- しかしホンダ経営陣はそのとき、なんの「戦略」も持っていませんでした。困難がゆえにアメリカ市場に参入し、その場その場でなんとか頑張った結果だったのです。マッキンゼーのリチャード・パスカル（Richard Pascale、1938 ～）はその研究から、経営戦略における「人間的要素」「計画的より創発的」の重要さを示しました。ポジショニングよりもそういったケイパビリティが大切だと。そして、なんにでも合理的な説明をつけたがる西洋的性癖をパスカルは「ホンダ効果」と呼びました。
- これらに対して、BCGレポートの共同執筆者であるマイケル・グールド（Michael Gould）が反論します。それに対してミンツバーグが再反論し……。ポジショニング派とケイパビリティ派の熱い戦いの幕が切って落とされました。

ポジショニングより「7S」

トム・ピーターズ

海軍、国防総省、ホワイトハウス勤務後、32 歳からマッキンゼー勤務

37 歳 パートナーに昇格

39 歳 退職。翌年『エクセレント・カンパニー』出版

君にはロン・ダニエ
「知の強化」プログラムに
参画してもらう
世界中を回って
成功企業の秘密を
調べてくれたまえ
!
本当ですかっ!
やったぁ～
バカンスだぁ
仕事だよ
ピーターズは
世界中を調査します
なるほど…

反ポジショニング的ヒット作『エクセレント・カンパニー』を放ったピーターズたち
トム・ピーターズ
Tom Peters
（1942～）
ピーターズらはマッキンゼーのコンサルタントでした
どどーん
Mckinsey
ピーターズくん
はい
君にはロン・ダニエルの「知の強化」プログラム※に参画してもらう
世界中を回って成功企業の秘密を調べてくれたまえ
!
本当ですかっ！やったぁ～
バカンスだぁ
仕事だよ
ピーターズは世界中を調査します
なるほど…
ズッ

※戦略面をフレッド・グラック（130頁）が担当し、組織面をトム・ピーターズらが担当した

戦略と組織だけで
企業の成功は
語れないいな
特にキヤノンや
ホンダなど
日本企業の
成功がそうだ
そこから生み出されたのが
「マッキンゼーの7S」でした
企業の成功は
ハードSだけでなく
ソフトSで決まるのさ
企業の成功
ハードS
①戦略
(Strategy)
②組織構造
(Structure)
③プロセスや制度
(Systems)
ソフトS
④人材
(Staff)
⑤スキル
(Skills)
⑥経営スタイル
(Style)
⑦共通の価値観
(Shared Value)
ウォーターマンさん
一緒につくった
「7S」はアメリカ企業でも
有効でしたよ
え！本当？
ロバート・
ウォーターマン
それに業績抜群の
超優良企業43社を
7Sで分析したら
8つの共通点が
見つかったんですよ
米国企業だって
負けてませんよ
じゃーん
①行動の重視と迅速な意思決定
②顧客に密着し、顧客から学ぶ
③イノベーションのための自主性と起業家精神
④人による生産性と品質の向上
⑤価値観に基づく実践
⑥基軸事業から離れない
⑦単純な組織・小さな本社
⑧自律的現場と集権的価値共有
なるほど面白い
これは
経営者たちに
ウケるぞ

しかしこれらのフレームワークにマッキンゼーは冷淡でした
ダメ
ガーン
なっ
なにぃ
どうして会社は評価してくれないんだ？
うおおお
まあ経験曲線とかと違って分析しにくいからな
「価値観の共有」とか定量化しようがない
そんなことないですよっ！
超優良企業では戦略や指示でなく「価値観の共有によるマネジメント」がたしかに行われているんです！
それはわかっているよ
戦略や組織構造、制度というハードなもの（ハードS①②③）に基づいたマネジメントではなく
ハードS
共通の価値観
共通の価値観⑦という非常にソフトなものでマネジメントが行われている企業のほうが財務面でも優れているというのはとても面白い結果だ
しかしコンサルティングプロジェクトとしては売りづらい
それが経営陣の判断だろ
そんな…
だったら僕はここにはいられない
でも世の中の人はきっとわかってくれるはず…
やめてやる
ぐすん
1981年ピーターズは『エクセレント・カンパニー』※を書き上げ出版直前にマッキンゼーを退社します
In Search of EXCELLENCE
Lessons From America's Best-Run Companies
Thomas J.Peters
Robert H.Waterman,jr.
Mckinsey
やってられん

※原題は『In Search of Excellence ～ Lessons from America's Best-Run Companies』
「アメリカにも超優良企業は多く、そこから学べることは多い」といった意味

『エクセレント・カンパニー』は
アメリカの経営者たちを勇気づけ
ビジネス書として
空前の大ヒットとなりました
Big Hit!
Thomas J.Peters
Robert H.Waterman,jr.
その後
ウォーターマンも
マッキンゼーを離れます
エクセレント・カンパニー
7S
「7S」と
『エクセレント・カンパニー』は
多くの子どもたちを生み出しました
第1はもちろん
ケイパビリティ（戦略以外のS）
を重視した
経営戦略論への可能性です
グォオオン
ここから
ケイパビリティ派が
急成長していきます
ケイパビリティ派
第2には
「企業の統計的調査と
ストーリーを組み合わせた
ビジネス書」ジャンルと
それによる成功者たちです！
『ビジョナリー・カンパニー』シリーズ
ジム・コリンズ（Jim Collins、1958～）
『コア・コンピタンス経営』シリーズ
ゲイリー・ハメル（Gary Hamel、1954～）
『リーダーシップ論』シリーズ
ジョン・コッター（John Kotter、1947～）
僕も「ヒット本」→
「1時間5万ドルの
ビジネス講演 年100回」→
「次の本の調査」→「ヒット本」
という循環を回すことに
成功しています
そして最後が
「企業の統計的調査」
の限界です
ボクらが挙げた
その時々の超優良企業は
いつもすぐに
凋落の一途を辿り
『エクセレント・カンパニー』
43社もわずか数年で
半数が超優良では
なくなってしまったんですよ
企業の統計的調査
ピーターズは
世間から盛大な
喝采を浴びますが…
ケイパビリティ派の
船出は前途多難でした
ケイパビリティ派

ピーターズらが放った『エクセレント・カンパニー』

01 アメリカにも超優良企業はいる！「7S」誕生

- BCGやマッキンゼー、ポーターらが築き上げてきた「ポジショニング派」の牙城に対する最大の攻撃が、1982年の『エクセレント・カンパニー』(In Search of EXCELLENCE)によってなされました。そこには6つの財務指標などで選ばれた米43社の超優良企業（エクセレンス）と、その特質が8つ挙げられていました。そこから導かれた7つの成功要因が「7S」でした。企業の成功は、ハードS（①戦略(Strategy)、②組織構造(Structure)、③プロセスや制度(Systems)）だけでなく、ソフトS（④人材(Staff)、⑤スキル(Skills)、⑥経営スタイル(Style)、⑦共通の価値観(Shared value)）で決まると主張したのです。
- 「7S」や超優良企業事例自体は80年に発表されましたが、無鉄砲で力強い日本企業に防戦一方と思われた米企業にこれほどのエクセレンスが潜んでいることにみな熱狂し、提唱者であるトム・ピーターズ（Tom Peters、1942～）とロバート・ウォーターマン（Robert H. Waterman, Jr.、1937～）は、全米のビジネス講演会で引っ張りダコとなりました。

02 7Sはポジショニング以外の要素の大切さを示した

- ピーターズらはマッキンゼーのコンサルタントでした。ピーターズは入社後すぐに、かのロン・ダニエルが推し進めた「知の強化」プログラムに投入されます。「戦略」面を担ったのが前述のフレッド・グラックで、「組織」面で活躍したのがピーターズでした。
- 現実の活きた企業とその活動を、世界中を回って見てくるよう命じられた彼は、喜び勇んで調査に出かけます。そしてすぐに理解しました。「戦略と組織だけで企業の成功は語れない」と。同僚で「ホンダ効果」のパスカルにも触発され、最終的に上司であったウォーターマンと導き出したのが、この「マッキンゼーの7S」でした。
- でもこのフレームワークに、マッキンゼー自体は冷淡でした。経験曲線や成長・シェアマトリクス、持続的成長率や5力分析と違って、これだけでは何かを分析できるものではなかったからです。ピーターズは発刊直前の81年に、ウォーターマンは3年後の85年にマッキンゼーを離れました。

03 ケイパビリティ派の船出と荒波

- この「マッキンゼーの7S」と『エクセレント・カンパニー』はしかし、多くの子どもたちを生み出しました。『ビジョナリー・カンパニー』シリーズのジム・コリンズ（Jim Collins、1958～）、『コア・コンピタンス経営』シリーズのゲイリー・ハメル（Gary Hamel、1954～）、『リーダーシップ論』シリーズのジョン・コッター（John Kotter、1947～）などがあとに続きました。ここから、ケイパビリティ派の勃興(ぼっこう)が始まります。
- ただ、その航海は順風満帆とはいきませんでした。彼らが挙げたその時々の超優良企業は、いつもすぐに落ちぶれていったからです。7Sのアイデアを「盗まれた」と憤(いきどお)っていたパスカルは、**『エクセレント・カンパニー』出版の15年後、「43社中、半分が5年でダメになり、今では5社しか超優良とはいえない」**と自著で分析してみせました。
- 世間から盛大な喝采を浴びた、しかし前途多難なケイパビリティ派の船出でした。

01 Taylor
02 Ford
03 Mayo
04 Fayol
05 Barnard
06 Drucker
07 Ansoff
08 Chandler
09 Bower
10 Andrews
11 Kotler
12 Henderson
13 Gluck
14 Porter
15 Canon-Honda
16 Peters
17 Bmarking-Robert
18 Stalk
19 Hammer
20 Hamel-Prahalad
21 Foster
22 Terman
23 Senge-Nonaka
24 Barney

「ベンチマーキング」で復活したゼロックス

ロバート・キャンプ

ゼロックスでベンチマーキングの責任者を務める

1989 年『ベンチマーキング』でベストプラクティスの発見を説く

1994 年『ビジネス・プロセス・ベンチマーキング』でその実践を説く

ゼロックスでのベンチマーキングとは単純だ
ベスト・プラクティスを見つけてそれを自社に適用・実行することなのだ
BENCHMARKING
調査に結構
時間とお金は

ロバート・キャンプによる
ベンチマーキング手法の確立
ロバート・キャンプ
Robert C. Camp
1970年代は
ゼロックスにとって
受難の時代でした
ゴオオオオ
xerox
うちのシェアは
どうなっている…？
社長
キヤノン、リコー、ミノルタが
普通紙複写機市場に
参入してうちの市場シェアは
急落しています
ブルブル
ブル
ブル
1970年まで
圧倒的なポジショニングと
特許技術の強みがあった
ゼロックスも
82年には13％にまで
シェアが落ち込みました
ゴオオオ
13％
オオオ
たった
13％…
そうか…
これ以上日本企業に
負け続けるわけには
いかない
日本企業の力を認め
品質・時間・コスト
すべてを見直すぞ
オオッ
バサッ

ゼロックスは体系的な業務改善活動のために「TQM」と「ベンチマーキング」を導入しました
ゼロックスの企業革新
TQM
(Total Quality Management)
経営戦略から品質目標、顧客満足度目標まで落とし込む
ベンチマーキング
(Benchmarking)
他部署や他企業の優れた事例(ベスト・プラクティス)から目標やプロセスを学ぶ
まずは敵の製品をバラして研究せよ！
ベンチマークだ
実際バラしてみたものの…
どーん
日本の技術はすごいな…
NOO…
その品質やコストに驚いた経営陣は富士フイルムとの合弁会社である日本の富士ゼロックスに調査チームを送り込みました
FUJI xerox
いざ！
そこでわかったことはゼロックスが日本の競合他社に対し開発・生産・販売プロセスのあらゆるレベルで敗北していたことでした
知りたくなかった…
社長しっかり
ズーン
その復活を懸(か)けた「ベンチマーキング」手法導入を指揮したのがロバート・キャンプでした
トッ
ようやく出番か…
学べるものはどこからでも誰からでも学べ！
社内最高、業界最高、世界最高のオペレーション「ベスト・プラクティス」を見つけるんだ！
はいっ

ゼロックスは日本企業が
無意識のうちに行っていた
改善・調査活動を
「ベンチマーキング」という名で
体系化し日本企業への反攻を
開始します
学んだ
日本のやり方を
取り入れてやる!
バッ
バッ
バッ
まだまだ
調べることは
たくさんあるぞ
・内部ベンチマーキング
(社内比較)
・競合ベンチマーキング
(業界内比較)
・機能ベンチマーキング
(業界外比較)
・一般プロセスベンチマーキング
(業務外比較)
ゼロックスは
倉庫業務を
アウトドア用品通販の
L・L・ビーンに学びます
素晴らしい
さっそく
使わせて
もらおう
L.L.Bean
多品種化が進んだ
アパレル関連の倉庫では
ピッキングリストが
自動で作成され
台車の位置が指定され
梱包順や箱の大きさも
指定されていました
そこでの学びを
自社に適用した結果
ゼロックスは在庫を
200万ドルも
減らせました
200万ドル
削減
よっしゃ!
学ぶべき企業は
まだまだ
あるハズ
また請求業務を
アメリカン・
エキスプレスに学びます
その結果
顧客満足度を
38%向上しつつ
間接事務費を50%
資材調達費を40%
カットすることに
成功しました
AMERICAN EXPRESS
これは業界外の
ベスト・プラクティスから学ぶ
「機能ベンチマーキング」
の好例です
やったね!!
どど――ん

ベンチマーキング活動の結果
89年には市場シェアを3・5倍の46％にまで伸ばしました
ベンチマーキングのお陰で強くなったのはゼロックスだけじゃない
サウスウエスト航空もフォードもだ！

ローコストキャリア※の優良企業として名高いサウスウエスト航空もまだまだ零細のローカル航空会社だった1970年代生き残りを懸けてある破天荒な作戦を考えました
みんな聞いてくれ
生き残る唯一の方法は10分ターンだ！
社長
ハーバート・ケレハー

※LCC（Low Cost Carrier）、格安航空会社と訳される

えぇぇ！
駐機時間が10分で済めば飛行機は1日11時間半飛べることになるだろ
そしたら今の3機で競合の4機分の働きができるってことよ！※

※実はその直前、4機で回す分の路線を開設していたが、競合の横やりで3機に減らされていた

サウスウエスト航空の飛行機は当時平均60分飛行し空港の駐機場で45分を過ごし（45分ターン）再び60分飛行することの繰り返しでした
大手はどこもそんなことやってませんよ…
！
ムッ
常識に囚われるな常識など取っ払え！
ちょーやばいんだから
競合他社なんて見ずに見るなら究極の世界を調べろ！
ガタン
は…
はいっ

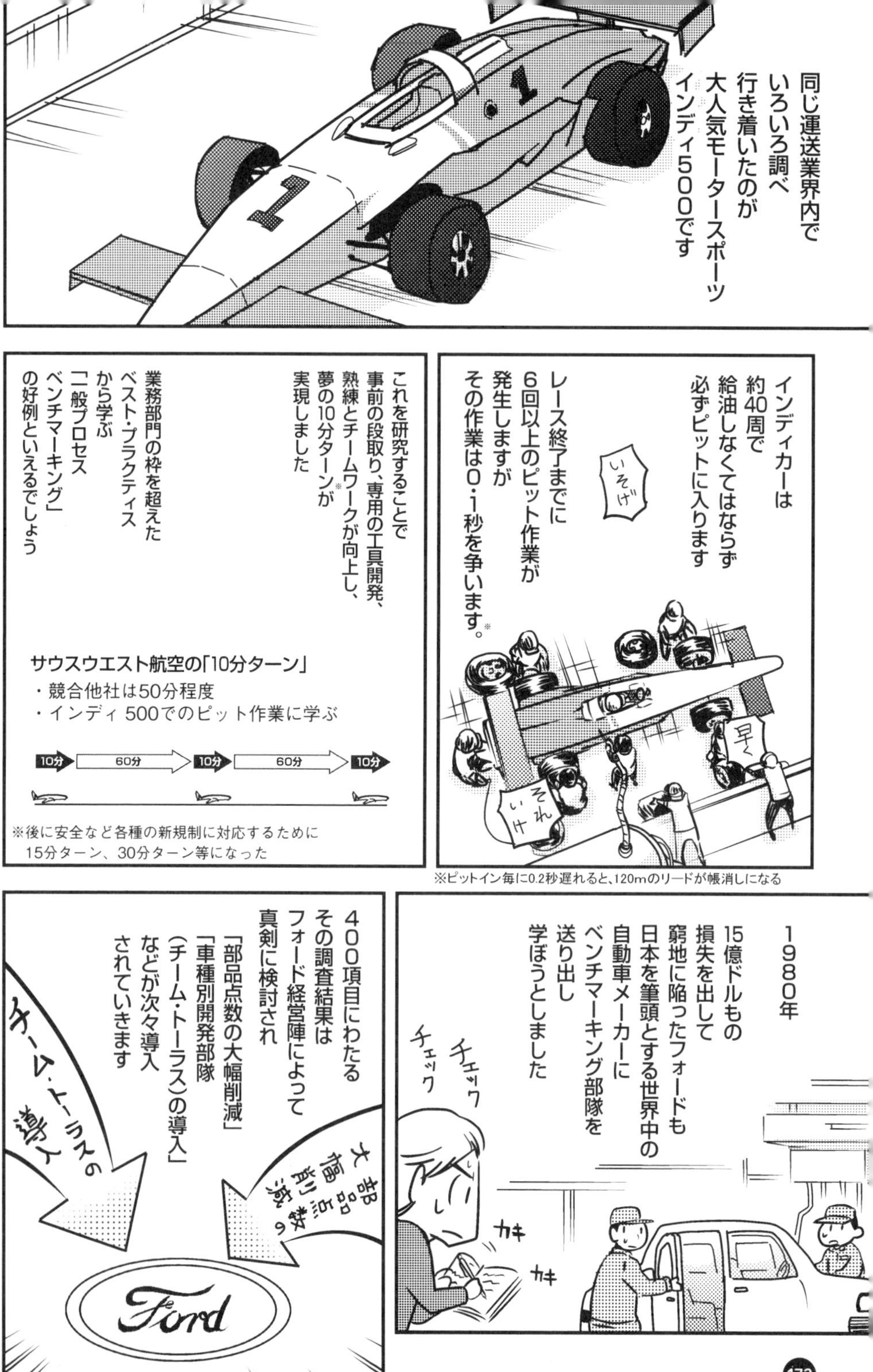
同じ運送業界内で
いろいろ調べ
行き着いたのが
大人気モータースポーツ
インディ500です
インディカーは
約40周で
給油しなくてはならず
必ずピットに入ります
いそげ
レース終了までに
6回以上のピット作業が
発生しますが
その作業は0・1秒を争います。※
早く
それいけ
※ピットイン毎に0.2秒遅れると、120mのリードが帳消しになる
これを研究することで
事前の段取り、専用の工具開発、
熟練とチームワークが向上し、
夢の10分ターン※が
実現しました
業務部門の枠を超えた
ベスト・プラクティス
から学ぶ
「一般プロセス
ベンチマーキング」
の好例といえるでしょう
サウスウエスト航空の「10分ターン」
・競合他社は50分程度
・インディ500でのピット作業に学ぶ
10分
60分
10分
60分
10分
※後に安全など各種の新規制に対応するために
15分ターン、30分ターン等になった
1980年
15億ドルもの
損失を出して
窮地に陥ったフォードも
日本を筆頭とする世界中の
自動車メーカーに
ベンチマーキング部隊を
送り出し
学ぼうとしました
チェック
チェック
カキ
カキ
400項目にわたる
その調査結果は
フォード経営陣によって
真剣に検討され
「部品点数の大幅削減」
「車種別開発部隊
(チーム・トーラス)の導入」
などが次々導入
されていきます
チーム・トーラスの導入
部品点数の大幅削減
Ford

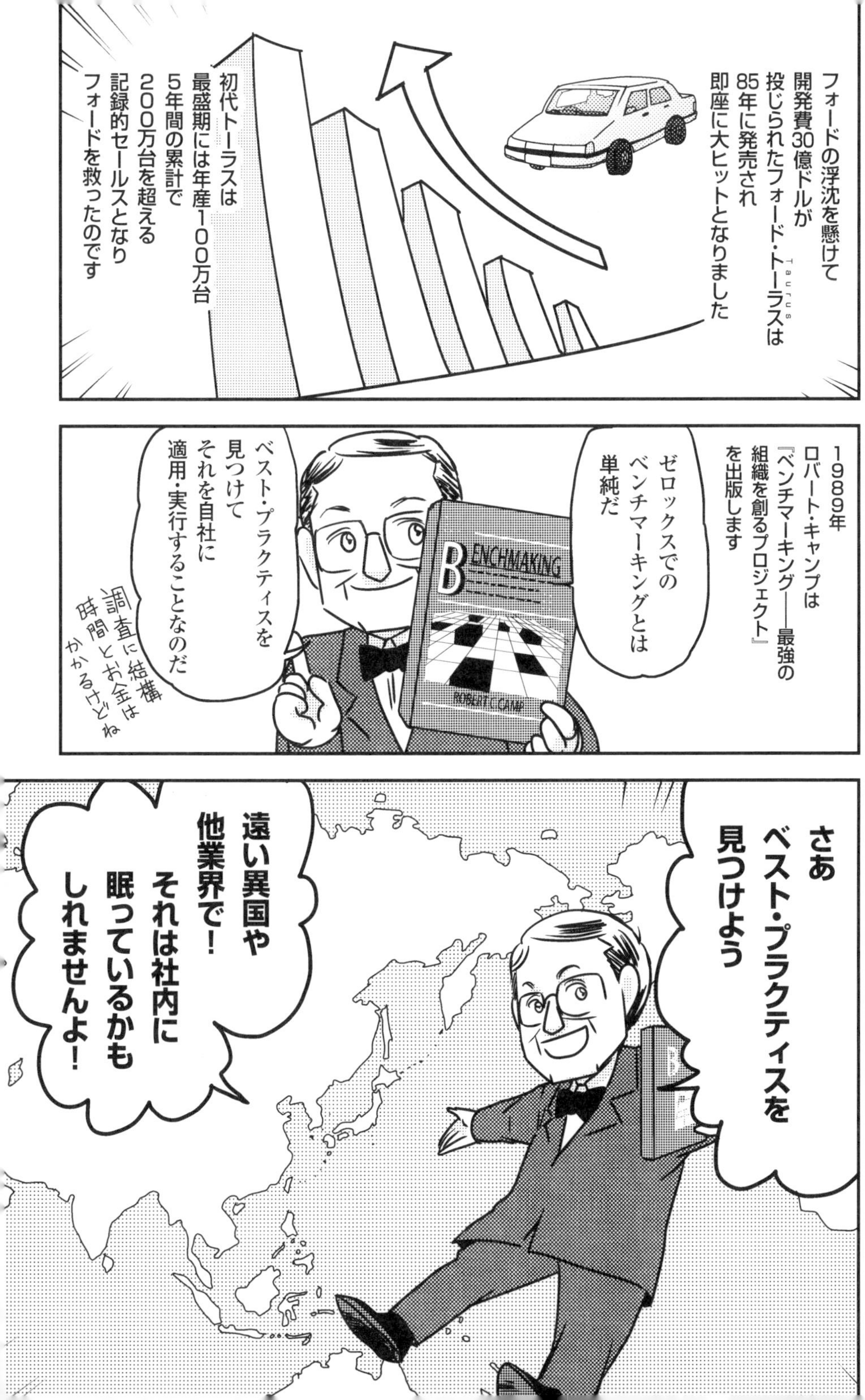
フォードの浮沈を懸けて
開発費30億ドルが
投じられたフォード・トーラスは
Taurus
85年に発売され
即座に大ヒットとなりました
初代トーラスは
最盛期には年産100万台
5年間の累計で
200万台を超える
記録的セールスとなり
フォードを救ったのです
1989年
ロバート・キャンプは
『ベンチマーキング──最強の
組織を創るプロジェクト』
を出版します
ゼロックスでの
ベンチマーキングとは
単純だ
ベスト・プラクティスを
見つけて
それを自社に
適用・実行することなのだ
BENCHMAKING
ROBERT C. CAMP
調査に結構
時間とお金は
かかるけどね
さあ
ベスト・プラクティスを
見つけよう
遠い異国や
他業界で！
それは社内に
眠っているかも
しれませんよ！

ゼロックスとサウスウエスト航空のベンチマーキング

01 ゼロックスの反攻。競合や業界外のベスト・プラクティスに学べ！

- 1970年代はゼロックスにとって受難の時代でした。キヤノン、リコー、ミノルタの攻勢に続き、75年には米国企業の訴えが通ってせっかくの特許がふいになりました。**ゼロックスの市場シェアは急落し、82年には13%にまで落ち込みました。圧倒的なポジショニングの強みが、あっという間に失われた10年**でした。
- 経営陣は「品質・時間・コスト」のすべての面で自社が日本企業に劣っていたことを謙虚に認め、企業革新を強力に進めました。そのための手法が全社的な「TQM」の導入であり、「ベンチマーキング」の活用による体系的な業務改善でした。他部署や他企業の優れた事例（ベスト・プラクティス）から、目標やプロセスを学ぶ手法です。
- 競合相手の商品をバラして秘密を探る「リバースエンジニアリング」に始まったベンチマーキングは、ゼロックスによって、内部ベンチマーキング（社内比較）、競合ベンチマーキング（業界内比較）、機能ベンチマーキング（業界外比較）、一般プロセスベンチマーキング（業務外比較）などに展開され、深掘りされました。
- ゼロックスは**倉庫業務をアウトドア用品通販のL・L・ビーンに、請求業務をアメリカン・エキスプレスに学び**、顧客満足度を38%向上させつつ、間接事務費を50%、資材調達費を40%カットすることに成功しました。結果、89年には市場シェアを3.5倍の46%にまで回復させました。

やったね!!
どど――ん

02 サウスウエスト航空は「インディ 500」に学んだ

- ローコストキャリアの先駆けとして名高いサウスウエスト航空は、創業直後の1970年代、機材不足を補うために破天荒な作戦を考えました。それが「10分ターン」です。飛行機が空港の駐機場で過ごす時間を45分から10分に短縮できれば、飛行機は1日5回、余計に飛ぶことができ、4機必要な路線スケジュールを3機でこなせ、1フライトあたり33%のコストダウンとなりました。
- **この10分ターンを実現したのは「業界経験者お断り」の採用方針と「インディ 500※11」でした。**サウスウエスト航空は、座席指定のチケットをやめ、受付番号だけにしました。常識外れです。席は確保されていますが、どの席に座るかは決まっていません。だから乗客はみな、空港に早めに来て、早めに乗って好きな席を取るようになりました。
- そして、ベンチマーキング相手を大人気モータースポーツであるインディ 500としました。インディカーのピット作業は0.1秒を争います。これを研究して、事前の段取り、専用の工具開発、熟練とチームワークが向上し、夢の10分ターンが実現しました。
- ゼロックスで長年ベンチマーキング活動を担当したロバート・キャンプ（Robert C. Camp）は1989年に『ベンチマーキング――最強の組織を創るプロジェクト』を出版して言いました。「ゼロックスでのベンチマーキングとは単純だ。**ベスト・プラクティスを見つけてそれを自社に適用（implement）・実行する**ことなのだ」。さあ、ベスト・プラクティスを見つけましょう。それは社内に眠っているかもしれません。そして遠い日本や他業界にも……。

※11 インディアナポリス・モーター・スピードウェイで毎年5月の第4週に開催されるレース。1周2.5マイルのオーバルトラックを200周、走行距離500マイルで争われる。40万人の観客を集める。

01 Taylor
02 Ford
03 Mayo
04 Fayol
05 Barnard
06 Drucker
07 Ansoff
08 Chandler
09 Bower
10 Andrews
11 Kotler
12 Henderson
13 Gluck
14 Porter
15 Canon-Honda
16 Peters
17 Bmarking-Robert
18 Stalk
19 Hammer
20 Hamel-Prahalad
21 Foster
22 Terman
23 Senge-Nonaka
24 Barney

BCGが放った「タイムベース競争」

ジョージ・ストーク

28歳 ヤンマーを訪問。その後トヨタなど日本企業を研究

日本企業から、新しい戦略の軸「時間」を見いだす

39歳『タイムベース競争戦略』出版

そのスピードと効率性に圧倒されたストークはBCGの賢者エバンスに語ります
スゲェーよマジで
ん？
ヤンマーのプレス機械や成型機の使い方はホントすごいんだよ
あーだこーだ
普通だったら2時間はかかる金型の段取り替えをさ……
目がキラキラしてる
またオタク的なことばかり
でも待てよ
それは「より速く物事を行うことで競争できる」ってことか！
ジョージ

「タイムベース競争戦略」を
東京から放ったストーク
ジョージ・ストーク
George Stalk Jr.
（1951～）
1988年
日本企業からの
学びが元になって
ケイパビリティ重視の
「使える戦略論」が
生まれました
「タイムベース
競争戦略」です
それを生み出したのは
BCGの
ジョージ・ストークと
フィリップ・エバンス
でした
やったね
と～ぜんさ
フィリップ・エバンス
Philip Evans
（1950～）
1979年
世界最大の農機具メーカー
ディーアの依頼を受けて
ストークが提携会社の
ヤンマーを訪れます
ドドーン
スゲェ
ヤンマーは生産性が
大幅に高く
生み出す製品の
品質が高い
そして生産時間が
はるかに短い
ワクワク
ドキドキ
しかも在庫が
著しく少なく
使用スペースが小さい
わあー

そのスピードと
効率性に
圧倒されたストークは
BCGの賢者
エバンスに語ります
フィル
聞いてくれよ
スゲェーよ
マジで
ん?
ヤンマーの
プレス機械や成型機の
使い方は
ホントすごいんだよ
あーだ
こーだ
普通だったら
2時間はかかる
金型の段取り替えをさ……
目がキラキラしてる
また
オタク的なこと
ばかり
でも
待てよ
それは
「より速く物事を
行うことで
競争できる」
ってことか!
ジョージ
他のことはいいから
「速いかどうか」
についてだけ
話してくれないか
ガッ
テン
タン
そこからストークの
しつこい
探究が始まります
観察
議論
リサーチ
彼は東京オフィスで
トヨタの研究もしながら
考え続けます
そして……
!
わかったゾ!
ピョーーーン

ストークは
「時間をベースにした戦略」
という概念と
「あらゆるものの
（コストでなく）
時間を測る」
という手法を
編み出したのです
もっと速く
うるせぇなあ！
もっと短く
見たまえ！
つまり
こういうことだ！
・自社の付加価値を上げるには、
顧客の要望から対応までの時間を短くすることである
・自社のコストを下げるには、
あらゆるプロセスにかかる時間を短くすることである
トヨタやホンダはすでに
フォードやGMの
半分の時間で新車を
開発する研究開発能力と
数万種類にもわたる
商品を低コストで
素早く納品する
生産能力を身につけていました
Time-
Based
Competition
Strategy
顧客により新しく多様で
安いものを
素早く提供するための戦略！
それこそが
タイムベース競争
（TBC）戦略だ！
1988年
HBR（ハーバード・ビジネス
・レビュー）論文
「時間 ～ 競争優位の次の源泉」
1990年
『タイムベース競争戦略』
が出版されます
COMPETING
AGAINST
TIME
HOW TIME-BASED COMPETITION
IS RESHAPING GLOBAL MARKETS
GEORGE STALK, JR.
THOMAS M. HOUT
トーマス・M・
ハウトと
一緒に
書いた
よ～！

当時トヨタやホンダは
新車を36カ月で
開発できましたが
36カ月
60カ月
米国企業では
60カ月以上
かかりました
トヨタやホンダ
米国車
根本的な差は
使い方
時間の
日本企業の
「時間の使い方」
にある！
なるべく
早い段階から
関係する部門や会社が
情報共有を行って
仕事のムダをなくし
同時並行で
作業をするんだ
企画・
開発
部門
製造
部門
原料
調達先
部品
メーカー
クライスラーはこれを
受け入れ
次の4車種では
開発期間を25％短縮し
開発投資を
30％下げることに
成功しました
開発期間25％短縮
CHRYSLER
開発投資30％減

TBC戦略が有効なのはメーカーだけではないんだよ 病院でも使われているんだ
スウェーデンのカロリンスカ大学病院の場合
TBC前
手術前の検査に数カ月もかかりみんなが困っていました
待たされる
患者
手間がかかる
検査技師
やきもき
パパー
家族
数カ月
手術
予定が立たない
は一
医師
ムダだらけ
早くして
院長
TBC後
しかしそこにTBC戦略を導入し検査や手術手順やスタッフの再配置をしたところ手術前検査はなんと数日で済むようになりました
待たされない
手術へゴー
患者
手間減った
検査技師
数日
手術
予定が埋めやすい
タタタタタ
速っ
医師
ムダ減った
院長
結果として医師や患者の満足度が大きく上がっただけでなく15あった手術室を2つ減らしても30%手術件数が増えコストダウンにもなりました
付加価値の向上とコストダウンはマイケル・ポーターが唱えたように二律背反（にりつはいはん）のものではなく時間短縮によって両立できるものでした
時間短縮
TBC
差別化
二律背反
コストリーダーシップ
付加価値アップ
コストダウン
マッキンゼーの「ホンダ効果」や「7S」が開いたケイパビリティ戦略への扉を
BCGのTBC戦略が「ポジショニング」と「ケイパビリティ」の両立という形でくぐり抜けました
しかも測定・分析可能な姿でね
ホンダ効果
7S

TBC戦略は
1990年代
世界中でブーム※となりました
さぁ
時間を
有効に使うんだ！
大テイラー主義者
BCGの
面目躍如（めんもくやくじょ）と
いえるでしょう
COMPETING
AGAINST
TIME
HOW TIME-BASED COMPETITION
IS RESHAPING GLOBAL MARKETS
GEORGE STALK, JR.
THOMAS M. HOUT
TBC戦略ブーム

※もともとやっていた日本を除く

唯一残念だったのは
直後に巻き起こった
「リエンジニアリング
革命」でした
ゴゴゴゴ
ヒャッホー
リエンジニア
リング
革命
ギョ
その騒乱に
巻き込まれて
しまったのです

BCGのストークが東京から放った「タイムベース競争戦略」

01

生産オタク ストークがヤンマーに学び、賢者エバンスが「時間」だと見抜いた

- ベンチマーキングは基本的にケイパビリティ（企業能力）の向上策であり、方向性やメリハリを伴った「戦略」ではありませんでした。しかし1988年、**日本企業からの学びが基になってケイパビリティ重視の本物の戦略論が生まれました。**それが**「タイムベース競争（Time-Based Competition：TBC）戦略」**です。それを生み出したのはBCGのジョージ・ストーク（George Stalk Jr.、1951 〜）とフィリップ・エバンス（Philip Evans、1950 〜）でした。
- ストークは79年に世界最大の農機具メーカー、ディーア（Deere）の依頼を受けて、提携会社のヤンマーを訪れます。そこで彼が見たのは、ディーアに比べて「生産性が大幅に高く、生み出す製品の品質が高く、在庫が著しく少なく、使用スペースが小さく、生産時間がはるかに短かった」工場の姿でした。
- その効率性に圧倒されたときの話を数年後、ストークはBCGの賢者エバンスに語ります。エバンスは見抜きます。**「より速く物事を行うことで競争できるんだ！」**

02

測れるケイパビリティ戦略──「TBC戦略」誕生

- そこからストークのしつこい探究が始まります。ただスキルが大事だとか、プロセスを真似しよう……ではコンサルティングになりません。彼は東京オフィスでトヨタの研究もしながら考え続け、ついに**「時間をベースにした戦略」という概念と、「あらゆるものの（コストでなく）時間を測る」という手法を編み出した**のです。
  - ・自社の付加価値を上げるには、顧客の要望から対応までの時間を短縮することである
  - ・自社のコストを下げるには、あらゆるプロセスにかかる時間を短くすることである
- トヨタやホンダはすでに、フォードやGMの半分の時間で新車を開発する研究開発能力と、数万種類にもわたる商品を低コストで素早く納品する生産能力を身につけていました。顧客に、より新しく多様で安いものを素早く提供するための戦略。それがタイムベース競争戦略でした。ストークの日本企業研究とその展開は、まず88年のHBR論文「時間〜競争優位の次の源泉」で示され、90年の『タイムベース競争戦略（Competing Against Time)』の出版で頂点となりました。
- 付加価値の向上（差別化）とコストの低下（コストリーダーシップ）は、ポーターが唱えたように二律背反のものではなく、時間短縮によって、同時に実現できるものだったのです。マッキンゼーの「ホンダ効果」や「7S」が開いたケイパビリティ戦略への扉を、BCGのTBC戦略が「ポジショニング」と「ケイパビリティ」の両立という形でくぐり抜けました。しかも測定・分析可能な姿で。
- それから数年、世界中のBCGオフィス（日本を除く）が、TBC戦略コンサルティングで賑（にぎ）わいました。大テイラー主義者BCGの面目躍如といえるでしょう。
- 唯一の誤算は、直後に巻き起こった「リエンジニアリング革命」でした。その騒乱に巻きこまれてしまったのです。

ホンダ効果
7S

01 Taylor
02 Ford
03 Mayo
04 Fayol
05 Barnard
06 Drucker
07 Ansoff
08 Chandler
09 Bower
10 Andrews
11 Kotler
12 Henderson
13 Gluck
14 Porter
15 Canon-Honda
16 Peters
17 Bmarking-Robert
18 Stalk

19 Hammer
20 Hamel-Prahalad
21 Foster
22 Terman
23 Senge-Nonaka
24 Barney

自らも破壊した「リエンジニアリング」

マイケル・ハマー

25歳 MIT で EECS（電気電子工学・計算機科学）の Ph.D.

以降、MIT で教鞭を執る

42歳 HBR で『リエンジニアリングの作業』を発表。絶賛を浴びる

『リエンジニアリング革命』を出版します
破壊せよ
REENGINEERING CORPORATION
MICHAEL HAMMER & JAMES CHAMPY
『リエンジニアリング革命』は300万部以上売れました
めちゃくちゃ売れたよ！
破壊的に売れましたね！
やった
これでBPR（ビジネス）（プロセス）（リエンジニアリング）が世に広まるぞ

破壊的な「リエンジニアリング」で自分自身も破壊してしまったハマー
マイケル・ハマー
Michael Hammer
（1948～2008）
MITで電気電子工学・計算機科学の博士号を取ったエンジニア
ホロコースト※生還者の息子
※第二次大戦中、ナチス・ドイツによるユダヤ人大量虐殺
1990年「リエンジニアリングの作業～自動化するな、破壊せよ」をHBRに発表します
自動化するな！破壊せよ!!
君の「リエンジニアリングの作業」は興味深かったよ
もっと多くの人にも知ってもらいたい
どうだい一緒に本を出さないかい
ジェイムズ・チャンピー
James Champy
（1942～）
ちょっとまって…
まだしゃべってるんですけど
1993年経営コンサルタントのチャンピーとの共著でベストセラー『リエンジニアリング革命』を出版します
破壊せよ
REENGINEERING THE CORPORATION
A MANIFESTO FOR BUSINESS REVOLUTION
MICHAEL HAMMER & JAMES CHAMPY
『リエンジニアリング革命』は300万部以上売れました
めちゃくちゃ売れたよ！
やったー
破壊的に売れましたね！
これでB（ビジネス）P（プロセス）R（リエンジニアリング）が世に広まるぞ

「リエンジニアリング」とは「伝統的」なビジネスの仕組みの否定です
フォードやGMが推し進めた中央集権の分業型組織への反省から生まれました
NO
「伝統的」なビジネス
ハマーは過激に叫び続けました
中央集権の管理志向ではなく現場に権限委譲せよ！（エンパワーメント）
QC※的改善ではなく抜本的改革を目指せ!!
オオッ
業務を自動化するのではなくその業務をこの世からなくせ!!!
社内志向ではなく徹底的に顧客志向であれ!!!
オオオオ
機能や資源が地理的にバラバラでも関係ないITでつなげ!!!
情報は発生時点で収集して2度と同じものを入力させるな!!!
並行して行われる作業は途中で連携させろ!!

※品質改善活動（Quality Control）

みんな破壊せよ！
サイコー
MIT教授のハマーは一気にビジネス界のスターダムにのし上がりました
オオオオ
チャンピーの所属するIT系コンサルティング会社CSCインデックスもその年商を10年で20倍に増大させました
20倍
イケー
破壊だ！
破壊せよ!!
でもさ…これらを本気でやるってなったら
戦略も組織もプロセスも情報システム基盤も総取り替えになるよな…
今の業務を回しながらどうやってやるんだよ…
ムリムリ
ワー
ワー
リエンジニアリングの提唱者の1人だったトーマス・ダベンポートは1995年の論文で冷静に振り返ります
みなさんよく聞いてください
トーマス・ダベンポート
Thomas Davenport（1954～）

リエンジニアリングは抜本的改革でなく事業スリム化・縮小（雇用削減）の道具にされていますよ
ギクッ
完了したリエンジニアリングプログラムのうち67％は平凡もしくは最低限の結果しか生まなかった…
ギクギクッ
『リエンジニアリング革命』で成功例とされた3社もその後すぐ失墜しました
ギクギクギク
ハマーたちの「リエンジニアリング」は劇的にその勢力を拡げたあとにそれに類するケイパビリティ派の活動（タイムベース競争戦略など）を呑み込んで破壊しともに墜落していきました
ぎゃあああああ
ピュー
破壊しないでぇぇ
1999年チャンピーのCSCインデックスもついに抜本的な改革（破産・清算）をされました
しかしケイパビリティ派の論客はまだまだ出てきます
チクショー
ピュー
いつか戻ってくるからなぁあああああ

自分も壊してしまったハマーの破壊的「リエンジニアリング」

01

既存のプロセスをすべて破壊せよ！と、ハマーとチャンピーは叫んだ

し
し

- MITに学んだバリバリのエンジニア、マイケル・ハマー（Michael Hammer、1948～2008）は、**1990年「リエンジニアリングの作業～自動化するな、破壊せよ(obliterate)」をHBRに発表**します。93年には経営コンサルタントのジェイムズ・チャンピー（James Champy、1942～）との共著でベストセラー『リエンジニアリング革命』を出し、ビジネス・プロセス・リエンジニアリング（BPR）という概念を世に広めました。
- 90年代中盤にはフォーチュン500社のうち、60%が「リエンジニアリングに取り組んでいる」もしくは「取り組み予定」と答えるほどの一大ブームとなりました。
- **リエンジニアリングは、フォードやGMが推し進めた中央集権の分業型組織への反省から生まれました。**その「伝統的」なビジネスの仕組みをハマーたちは全否定したのです。『リエンジニアリング革命』でハマーたちは主張しました。
  - ・QC的改善ではなく**抜本的改革**を目指せ
  - ・社内志向ではなく徹底的に**顧客志向**であれ
  - ・中央集権の管理志向ではなく**現場に権限委譲**（エンパワーメント）せよ
  - ・**情報システム**を活用し組織を一体化せよ
- ホロコースト生還者の息子でもあったハマーは、過激に叫び続けました。「今の仕組みを破壊せよ！」「自動化せずその業務をなくせ」「情報は同じものを二度と入力させるな」「組織が地理的にバラバラでもいい。ITでつなげ」「並行作業は途中で連携させろ」
- でも、これらを本気で実現しようと思ったら、戦略も組織もプロセスも情報システム基盤も総取り替えになります。チャンピーの所属するIT系コンサルティング会社CSCインデックスは全力でこれをプロモーションし、その年商を10年で20倍に伸ばしました。

02

わずか5年後、リエンジニアリングの7割は失敗だった！

- しかし、あまりの実現の困難さと誤用の末に、「リエンジニアリング」熱は一気に冷めてしまいました。リエンジニアリングの提唱者の1人だったトーマス・ダベンポート（Thomas Davenport、1954～）は1995年の論文で冷静に振り返ります。
  - ・リエンジニアリングは抜本的改革でなく、事業スリム化・縮小の道具にされた
  - ・完了したリエンジニアリング・プログラムのうち、67%は成功とはいえなかった
- さらに彼は『リエンジニアリング革命』で成功例とされた3社のことも調べ、その失墜(しっつい)を報告しています。
- ハマーたちのリエンジニアリング革命は、劇的にその勢力を拡げた後に、それに類するケイパビリティ派の活動（TBC戦略など）を呑み込んで崩壊し、ともに墜落していきました。**99年、リエンジニアリング革命の象徴だったCSCインデックスは、ついに抜本的な改革（つまり破産・清算）**を余儀なくされました。

ハメルとプラハラードの
成長戦略「コア・コンピタンス」

ゲイリー・ハメル

ミシガン大学で国際経営学 Ph.D.
C.K. プラハラードに師事する

29 歳 LBS で教鞭を執り始める

36 歳 HBR で
コア・コンピタンス論文を発表

ロンドンビジネススクールの
ゲイリー・ハメルと
その恩師であるミシガン大学の
C・K・プラハラードが
『コア・コンピタンス経営』
（1994）を出版します
COMPETING FOR THE FUTURE
C.K.プラハラード
C. K. Prahalad
(1941～2010)
『コア・コンピタンス経営』
は実行可能な
成長戦略を示しました
あっち
景気拡大の初期の
アメリカ企業幹部たちの
心を捉えます
『コア・コンピタンス経営』
読んだか？
もちろん
あれこそ次に俺たちが
どこを攻めるべきか
成長の方向性を
示してくれるからな！

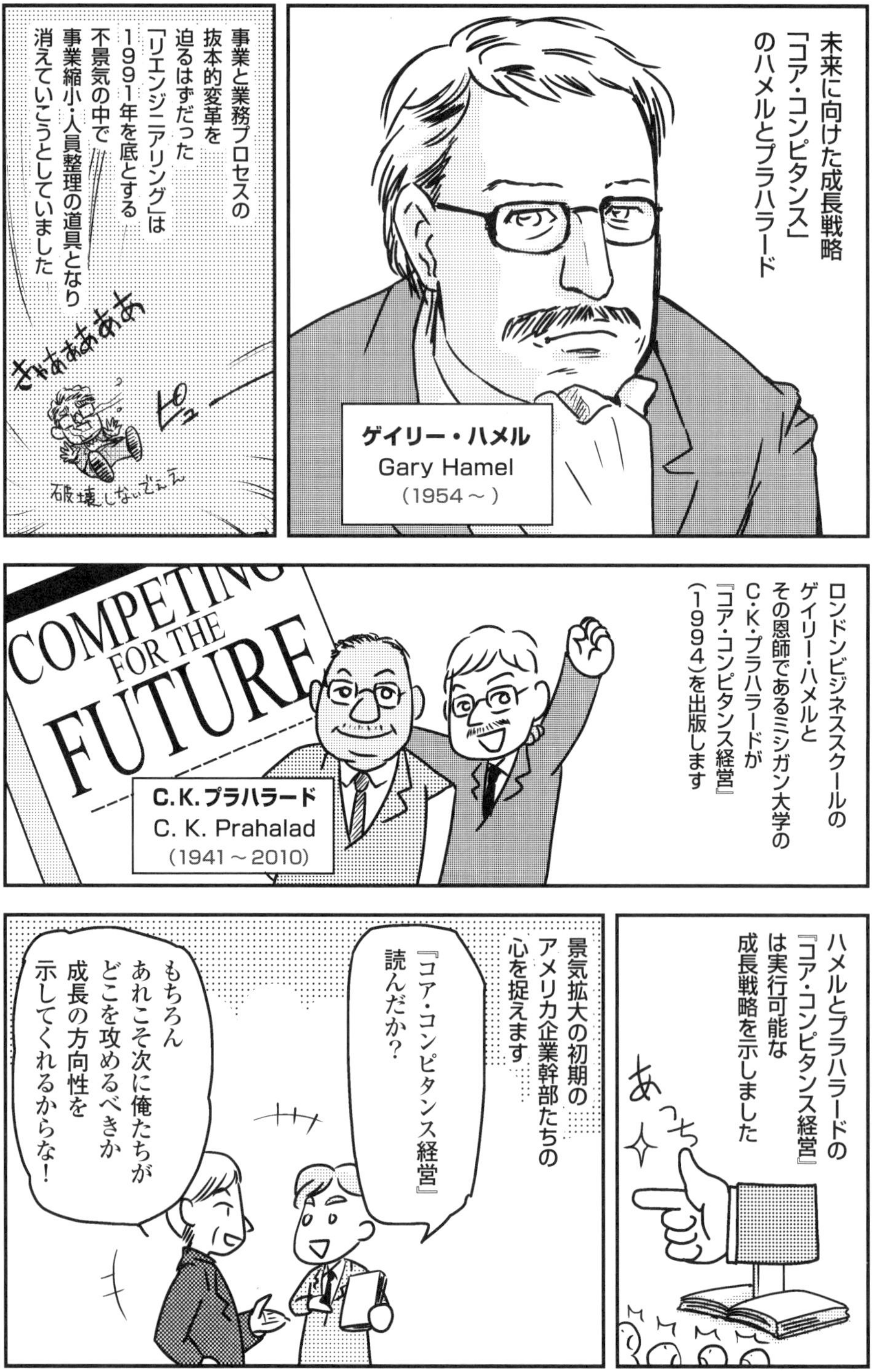
未来に向けた成長戦略
「コア・コンピタンス」
のハメルとプラハラード
ゲイリー・ハメル
Gary Hamel
（1954～）
事業と業務プロセスの
抜本的変革を
迫るはずだった
「リエンジニアリング」は
1991年を底とする
不景気の中で
事業縮小・人員整理の道具となり
消えていこうとしていました
きゃあああああ
ピュ
ロンドンビジネススクールの
ゲイリー・ハメルと
その恩師であるミシガン大学の
C・K・プラハラードが
『コア・コンピタンス経営』
（1994）を出版します
COMPETING FOR THE FUTURE
C.K.プラハラード
C. K. Prahalad
（1941～2010）
ハメルとプラハラードの
『コア・コンピタンス経営』
は実行可能な
成長戦略を示しました
あっち
景気拡大の初期の
アメリカ企業幹部たちの
心を捉えます
『コア・コンピタンス経営』
読んだか？
もちろん
あれこそ次に俺たちが
どこを攻めるべきか
成長の方向性を
示してくれるからな！

なぜポーターらのポジショニング戦略は企業を救わなかったのでしょう?
なぜヘンダーソンのBCGの成長・シェアマトリクスは企業の成長には寄与しきれなかったのでしょう?
なぜピーターズたちの超優良企業（エクセレント・カンパニー）は（まったく）永続的でなかったのでしょう?
なぜハマーのリエンジニアリングはうまくいかなかったのでしょう?
その答えは簡単だ
まず企業の収益の源泉は事業のポジショニングにも業務の効率性にもない
みんな「コア・コンピタンス」を理解していなかったからだよ
その中心に位置する「コンピタンス」こそが大切であり
その中でも競争力やニーズ対応力の素になっているものが「コア・コンピタンス」なんだ!
コンピタンス
「コア・コンピタンス」
競争力
ニーズ対応力
これまでの経営戦略論にはこういった
「コア・コンピタンス」という概念が欠けていたからダメだったのだ
「収益につながる持続的で競合上優位なケイパビリティ＝コア・コンピタンス」

といっても「大事(コア)なものがコア」じゃ説明になっていないから
いくつかわかりやすい例を挙げましょう
ホンダ「エンジン技術」
これを軸にバイクや自動車から芝刈り機除雪機にまで展開した
シャープ「液晶技術」
これを強みにして液晶ディスプレイ家庭用ビデオカメラ(ビューカム)PDA(ザウルス)薄型テレビ(アクオス)と展開した
フェデラル・エクスプレス「荷物の所在追跡能力」
これが物流企業としての競争力の源泉バーコード技術などはその構成要素に過ぎない
1234567890234
ちなみにコア・コンピタンスは技術でもチャネルでも人材的なものでも構いません
ただそのケイパビリティ(企業能力)が
①競争相手にマネされにくい
②顧客価値(顧客が認める価値)を創出できる
③他事業への展開力がある
ものじゃないとね
どーん
アンドルーズらのSWOT分析(99頁参照)風にいうならば
SWOTマトリクス
目的達成に
ポジティブ
ネガティブ
要因
内部
外部
強み Strengths
弱み Weaknesses
機会 Opportunities
脅威 Threats
コア・コンピタンスとは将来の外部「機会」が見込める未来に向けた「強み」なんだ
数年後
デルやサウスウエスト航空スウォッチこそが「コア・コンピタンスに基づいた業界ルール破壊者」だ
DELL
SOUTHWEST AIRLINES
swatch
業界分析が戦略の要(かなめ)などというのは神話に過ぎない!

まずは自社と
未来の競合相手を
よく見比べて
自社の
コア・コンピタンスを
見極めよ！
その上でそれが効きそうな
未来（5～10年先）の
顧客・市場・サービスを
見つけ出して
自ら市場を開拓せよ！
コンピタンス
COMPETING FOR THE FUTURE
ケイパビリティが先
ポジショニングは後
と言い切ったのです
本が出た1994年は
インターネットの
商用利用開始直後で
ウェブブラウザーでいえば
モザイクの後に
ネットスケープ・
ナビゲータが出た年でした
ドーーン
でも…
未来を読むのは大変でした
1年でモザイクを
抜き去って
96年にはシェア8割を
誇ったネットスケープも
マイクロソフトの
インターネット・
エクスプローラーによって
追い抜かれ
シェアは4年後には
15%以下に
ドドーン
いったいこれらは
見通せる未来
だったのでしょうか
ドキッ
ますます未来が
不確実になる中で
ケイパビリティ派
最強の刺客が力をつけてきます
ラーニング
「イノベーション」のために
人と組織の
「ラーニング」能力を高めよ
とする人々です

ハメルとプラハラードの「コア・コンピタンス」

01 ハメルらの『コア・コンピタンス経営』は実行可能な成長戦略を示した

- 「リエンジニアリング」は、1991年を底とする不景気の中で事業縮小・人員整理の道具となり、消えていこうとしていました。それ以降120カ月、10年にも及ぶ「アメリカ史上最長の景気拡大※12」の波に乗ったのが、ロンドンビジネススクール(LBS)のゲイリー・ハメル(Gary Hamel、1954 ～)とその恩師であるミシガン大学のC.K.プラハラード(C. K. Prahalad、1941 ～ 2010)による『コア・コンピタンス経営』(1994)でした。
- 既存の基盤事業にこだわりながらもそこからの成長戦略を唱えた「コア・コンピタンス戦略」は、攻めの姿勢に転じていた経営者らに進むべき方向を与えたのです。
  - ・企業が収益を生む源泉は、事業のポジショニングにも業務の効率性にもない
  - ・その中心に位置する「コンピタンス」が大切であり、その中でも競争力やニーズ対応力の素になっているものが「コア・コンピタンス」
- これまでの経営戦略論にはこういった「収益につながる持続的で競合上優位なケイパビリティ＝コア・コンピタンス」という概念が欠けていたからダメだったのだ、とハメルらは主張しました。

02 ケイパビリティが先、ポジショニングは後。しかし「未来」は……

- コア・コンピタンスは技術でもチャネルでも人材的なものでも構いません。もしそのケイパビリティ(企業能力)が、**①競争相手にマネされにくい、②顧客価値(顧客が認める価値)を創出できる、③他事業への展開力がある**、ものでさえあれば。
- ハメルは数年後、デルやサウスウエスト航空、スウォッチなどを「コア・コンピタンスに基づいた業界ルール破壊者」と見なして言いました。**業界分析が戦略の要などというのは神話に過ぎない！まずは**自社と未来の競合相手をよく見比べて、**自社のコア・コンピタンスを見極めよ**。その上で、それが効きそうな未来(5 ～ 10年先)の顧客・市場・サービスを見つけ出して自ら市場を開拓せよ、と。**ケイパビリティが先、ポジショニングは後**、と言い切ったのです。
- もちろんここで容易でなかったのは(彼らが書いた通り)10年、いや5年先の未来を見通すことでした。
- 本が出た1994年はインターネットの商用利用開始直後で、ウェブブラウザーでいえばモザイク(Mosaic)のあとにネットスケープ・ナビゲーター(Netscape Navigator)が出た年でした。1年でモザイクを抜き去って96年にはシェア8割を誇ったネットスケープも、マイクロソフトのインターネット・エクスプローラーによって追い抜かれ、シェアは4年後には15％以下に。いったいこれらは見通せる未来だったのでしょうか。
- ますます未来が不確実になる中で、ケイパビリティ派最強の刺客(しきゃく)が力をつけてきます。「イノベーション」のために、人と組織の「ラーニング」能力を高めよ、とする人々です。

※12 日本は同時期を、バブル崩壊後の「失われた10年」として過ごした。この間、日本の名目GDPは1.17倍、アメリカのそれは1.72倍になった。

マッキンゼーの「イノベーション戦略」

リチャード・フォスター

イェール大学で工学系の博士号取得

31 歳 マッキンゼーに入社。9 年でディレクターに登りつめ、22 年間その任を務める。

44 歳『イノベーション：限界突破の経営戦略』で「二重の S 字曲線」を世に出す

限界突破の経営戦略
1986年にまとめられ
大きな反響を呼びました
カニバリを恐れず
自ら革新せよ
読んでね♪
Q.さまざまな
イノベーションが
起こる状況下で企業は
どうすべきなのでしょうか?
ピンポン
新しいイノベーションを
起こすためには
企業家と資金が必要
Q.ではいったん
イノベーションを
起こした後
それまで起こり
続けてきた
「担当者の変更」を防ぐ
手立てでは
あるのでしょうか?
ピンポン

マッキンゼーの「イノベーション戦略」をリードしたフォスター
リチャード・フォスター
Richard Foster
(1942～)
1970年代後半にイノベーション時代が到来しますが
まずその前にイノベーション理論の始祖はヨーロッパの経済学者ヨゼフ・シュンペーター博士です
わたしを忘れちゃこまるな
おっ
ヨゼフ・シュンペーター
Joseph Schumpeter
(1883～1950)
彼は『経済発展の理論』(1912)の中で「企業家の行う不断のイノベーションこそが経済を変動させる」と言っています
企業家の行うイノベーション不断のこそが経済を変動させる
景気循環をイノベーションで説明しようとしたのです
私はイノベーションについて4つの主張をしたい
うんうん
①イノベーションの非連続性
イノベーションは「担当者の変更」を伴う
都市間交通手段が馬車から鉄道に替わったとき馬車事業者は1社も鉄道事業者になれなかった
②イノベーションの類型化
イノベーションには5つのタイプがある がある
1. 新しい品質レベルの財貨の生産
2. 新しい生産方法
3. 新しい販路・市場の開拓
4. 原料・半製品の新しい供給源の獲得
5. 新しい組織(協定による独占など)の実現
いずれも技術革新に頼るものではなく「業界では未知であった」ことで十分

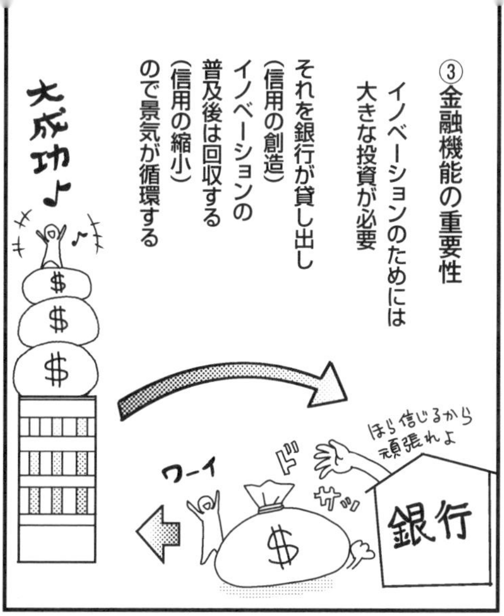
③金融機能の重要性
イノベーションのためには
大きな投資が必要
それを銀行が貸し出し
(信用の創造)
イノベーションの
普及後は回収する
(信用の縮小)
ので景気が循環する
大成功♪
ほら信じるから
頑張れよ
ドサッ
ワーイ
銀行

④企業家の役割
イノベーションを担うのは
一般的な経営者ではなく
企業家(起業家を含む
アントレプレナー)である
ドカーン
イノベーション

ただ当時はあまりに先駆的で
人間を重視したイノベーション・
景気循環理論は
定式化・数式化できなかった
がゆえに
経済学の世界では
忘れ去られてしまいました※
ズーン
くっそーーー
まあまあ
後世になって
経営学の世界で
ちゃんと
復活しますから!

※シュンペーターはその後、オーストリアの蔵相となった。ナチスの迫害を逃れて渡米し、米経済学会の会長にのぼり詰めた

1970年代後半
ITやハイテク業界の
爆発的成長が始まります
ハイテク
IT
ドドン

75年創業のマイクロソフトは
文字通り倍々ゲームで売上を伸ばし
10年で1億ドルプレイヤーになりました
10年で
1億ドル
Microsoft
76年創業のアップルに至っては
わずか7年で
売上15億ドルに達しました
7年で
15億ドル
第三次産業革命
ともいわれる
イノベーション時代の到来です

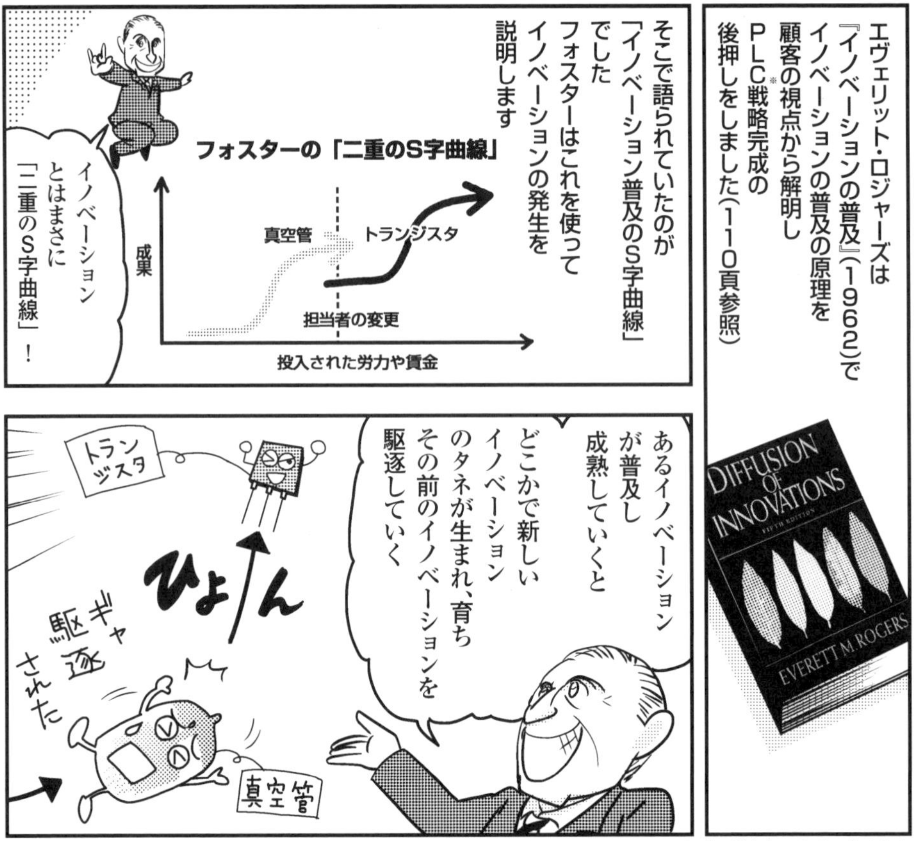
エヴェリット・ロジャーズは
『イノベーションの普及』（1962）で
イノベーションの普及の原理を
顧客の視点から解明し
PLC※戦略完成の
後押しをしました（110頁参照）
DIFFUSION OF INNOVATIONS
FIFTH EDITION
EVERETT M. ROGERS
そこで語られていたのが
「イノベーション普及のS字曲線」
でした
フォスターはこれを使って
イノベーションの発生を
説明します
フォスターの「二重のS字曲線」
成果
真空管
トランジスタ
担当者の変更
投入された労力や資金
イノベーション
とはまさに
「二重のS字曲線」！
あるイノベーション
が普及し
成熟していくと
どこかで新しい
イノベーション
のタネが生まれ、育ち
その前のイノベーションを
駆逐していく
トランジスタ
ひょん
ギャ
駆逐された
真空管

※プロダクト・ライフサイクル

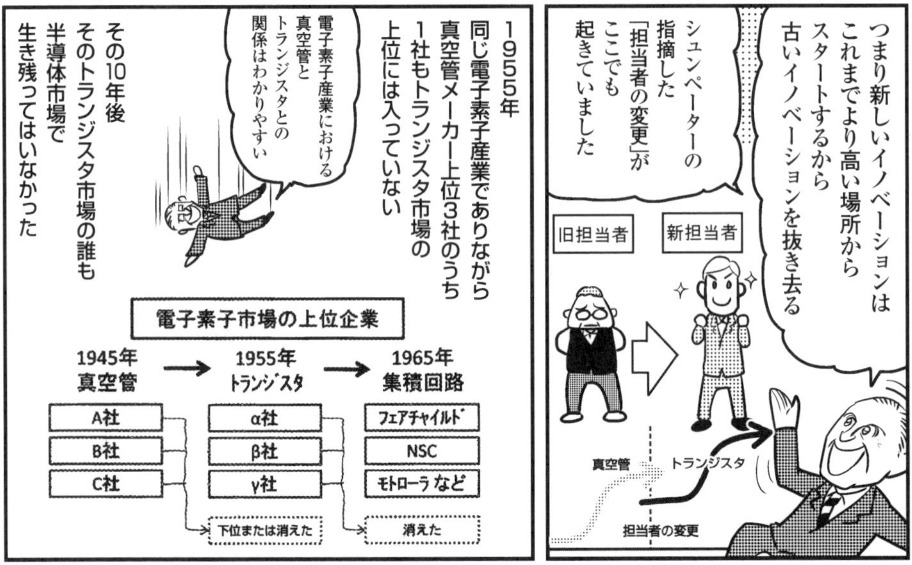
つまり新しいイノベーションは
これまでより高い場所から
スタートするから
古いイノベーションを抜き去る
シュンペーターの
指摘した
「担当者の変更」が
ここでも
起きていました
旧担当者
新担当者
真空管
トランジスタ
担当者の変更
1955年
同じ電子素子産業でありながら
真空管メーカー上位3社のうち
1社もトランジスタ市場の
上位には入っていない
電子素子産業における
真空管と
トランジスタとの
関係はわかりやすい
その10年後
そのトランジスタ市場の誰も
半導体市場で
生き残ってはいなかった
電子素子市場の上位企業
1945年
真空管
1955年
トランジスタ
1965年
集積回路
A社
B社
C社
α社
β社
γ社
フェアチャイルド
NSC
モトローラ など
下位または消えた
消えた

その研究成果は『イノベーション：限界突破の経営戦略』として1986年にまとめられ大きな反響を呼びました
カニバリ※を恐れず自ら革新せよ
ドドーン
読んでね♪
INNOVATION
Q.さまざまなイノベーションが起こる状況下で企業はどうすべきなのでしょうか?
ピンポーン
新しいイノベーションを起こすためには企業家と資金が必要
Q.ではいったんイノベーションを起こした後それまで起こり続けてきた「担当者の変更」を防ぐ手立てはあるのでしょうか?
ピンポーン

※自社製品によって、顧客の需要を食い合うこと

古いイノベーションを守って儲けつつ次の新しいイノベーションに向けて積極的に投資せよ つまり守りつつ攻めよ
ピンポンピンポン
でもフォスターはその投資をいつ行えばいいのか
もっと何でもきいて
けど投資の時期はきかないで
あとイノベーションの選別も
さらに新しいイノベーションの選別方法までは具体的に論じませんでした
イノベーション戦略は経営コンサルティングビジネスには乗りにくく次の世代の活躍を待つことになりました
ねぇみんなぁ
イノベーションについてもっと質問してよ
オーイ僕をわすれないでね
ピンポーン
ピンポーン
しかしBCGのストークが「時間」というこれまでの経営戦略論になかった軸を打ち出したのと同じようにマッキンゼーのフォスターも「イノベーション」のインパクトを世に残したのです

マッキンゼーのフォスター「イノベーション戦略」

ドドン
INNOVATION

01 イノベーション理論の始祖、シュンペーター

- イノベーション理論の始祖は、かのヨゼフ・シュンペーター（Joseph Schumpeter、1883～1950）です。彼が「企業家の行う不断のイノベーションこそが経済を変動させる」と言い切ったのは、『経済発展の理論』（1912）の中でした。彼はそこでイノベーションについて4つの主張をしています。
- ①イノベーションの非連続性、②イノベーションの類型化、③金融機能の重要性、④企業家の役割――このあまりに先駆的で**人間を重視したイノベーション・景気循環理論**は、定式化・数式化できなかったがゆえに経済学の世界では忘れ去られ、後世になって経営学の世界で復活します。

02 マッキンゼーが生んだR&Dスペシャリスト、フォスター「二重のS字曲線」

- **1970年代後半**、ITやハイテク業界の爆発的成長が始まります。75年創業のマイクロソフトは文字通り倍々ゲームで売上を伸ばし、10年で1億ドルプレイヤーになりました。76年創業のアップルに至っては、わずか7年で売上15億ドルに達しました。第三次産業革命ともいわれるイノベーション時代の到来です。
- エヴェリット・ロジャーズは、『イノベーションの普及』（1962）でその原理を顧客の視点から解明し、PLC戦略完成の後押しをしました。そこで示されていたのが**イノベーション普及のS字曲線**でした。
- マッキンゼーのリチャード・フォスター（Richard Foster、1942～）はこれを援用し、**「二重のS字曲線」でシュンペーターの言う「イノベーションの非連続性」**を示しました。真空管（最初のS字）→トランジスタ（次のS字）がそうでした。しかもシュンペーターの指摘した通り、**「担当者の変更」がこの時代でも明白**でした。同じ電子素子市場でありながら、1955年時点での真空管上位3社は、同じ年のトランジスタ上位3社には1社も入っておらず、その10年後、そのトランジスタメーカーのどこもIC・LSI市場で生き残ってはいませんでした。その研究成果は『イノベーション：限界突破の経営戦略（Innovation : The Attacker's Advantage）』として86年にまとめられ、大きな反響を呼びました。

03 フォスターは「守りつつ攻めよ」と言ったが……

- さまざまなイノベーションが起こる状況下で、企業はどうすべきなのでしょうか。イノベーションを起こすためには企業家（アントレプレナー）と資金が必要だということは、すでにシュンペーターが指摘しています。では、いったんイノベーションを起こしたあとは？　それまで起こり続けてきた「担当者の変更」を防ぐ手立てはあるのでしょうか。
- フォスターは「守りつつ攻めよ」と言いました。古いイノベーションを守って儲けつつ、次の新しいイノベーションに向けて積極的に投資せよ、と。でもフォスターは、その投資をいつ行えばいいのかや、**イノベーションの選別方法までは具体的に論じませんでした。**そのため、これまた経営コンサルティングビジネスには乗りにくく、次の世代の活躍を待つことになりました。

01 Taylor
02 Ford
03 Mayo
04 Fayol
05 Barnard
06 Drucker
07 Ansoff
08 Chandler
09 Bower
10 Andrews
11 Kotler
12 Henderson
13 Gluck
14 Porter
15 Canon-Honda
16 Peters
17 Bmarking-Robert
18 Stalk
19 Hammer
20 Hamel-Prahalad
21 Foster
22 Terman
23 Senge-Nonaka
24 Barney

スタンフォードが生んだ
「アントレプレナー」の園

フレッド・ターマン

肺病でMITの教職をあきらめ帰郷

名著『ラジオ工学の原理』著者

スタンフォード・リサーチパークを創設

多くのベンチャー、企業を誘致

活かしたのが
アメリカ西海岸の
IT企業群でした
結核のために東海岸のMITでの教職をつかみ損ねたターマンでしたが
スタンフォード大学に招かれその中興の祖となりシリコンバレーの生みの親となります
東部への学生の流出を食い止めるには
大学は象牙の塔であるよりも応用研究のセンターであるべきだ
流出
STOP

シリコンバレー自体を
つくり上げたフレッド・ターマン
フレッド・ターマン
Frederick Terman
(1900～1982)
イノベーションとは
今の覇者を
どんどん時代遅れの
恐竜にしていく
恐ろしい現象でした
イノベーション
やってくるぞ～
フォスター
キャアァァ
時代遅れになっちゃう
それを脅威ではなく
チャンスとして
活かしたのが
アメリカ西海岸の
IT企業群でした
ココ
アメリカ
合衆国
肺病のために
東海岸のMITでの教職を
つかみ損ねた
ターマンでしたが
スタンフォード大学に招かれ
その中興の祖となり
シリコンバレーの
生みの親となります
東部への学生の
流出を食い止めるには
大学は象牙の塔であるよりも
応用研究のセンターで
あるべきだ
流出
STOP

ターマンは著名教員を集めて大学院を強化するとともにシリコンバレーに4000haの土地を用意して多くの先端企業を誘致します
わーい
広い
広い
ここがいいー
どーん
「スタンフォード・リサーチパーク」の誕生でした
優秀な学生たちには最高の職場が必要だからね
あ
そうだいいこと思いついた
ターマンは教え子の中でもとびきり優秀だった2人の生徒を引き合わせます
ヒューレット君パッカード君君たちは協力して何か事業を始めてみるといいよ
え…なんですかやぶから棒に
ターマンは大学院生だったヒューレットとパッカードを引き合わせてHPをつくらせ後にリサーチパークに移転させました
ファイトオー
おー
おー
なんだなんだ
またターマンがさわいでる

ベル研究所からは
トランジスタの発明者の
ひとりであるショックレーを
引き抜いて
ショックレー研究所を
つくらせます
ベル研究所
こっち こっち
えっ
そこから
半導体メーカーである
フェアチャイルド
セミコンダクターが
生まれました
FAIRCHILD
HPやショックレー研究所・
フェアチャイルドは
それら自身がまた多く起業家と
イノベーションを生む
インキュベーターとなりました
孵化器
イノベーション
アップルの創業メンバー
スティーブ・ウォズニアック
もそうでした
HPに勤めるかたわら
AppleⅠを
設計していたのでした
モグモグ
こーみえても
有名人だぜ
ターマンは学生に
イノベーションの重要性を
伝え続けました
注意したまえ諸君
今この世の中を
揺り動かしているのは
決して学識豊かな学者
ではないのだ
かえって
何も知らない連中のほうが
革新の旗手たりえているのだ

新しいイノベーションと
組織を生み出すための
「起業戦略」
そのスタート時には必ず
「起業家(アントレプレナー)」
を必要とします
起業家
オレについてこぉぉおい
わあぃ
イノベーションしちゃうよぉぉ
多くの場合
われわれは成功した
イノベーションの中心に
特異な起業家を
見出すので
自然と
「起業戦略」は
「起業家論」となり
どんなアントレプレナーなら
成功できるのかという
議論を巻き起こすことに
なりました
一方
東海岸のボストンでは
俺は将来
コンサルティング会社や
投資銀行勤務で
高給取りになるぞ
そして大企業の社長だ!
えー
お前古いな
だっせ
なんで
すぐ起業して
一攫千金狙うだろ
ふつー
あたり前じゃん
そうなのか…
よしっ! それじゃあ
サラリーマンやめて
目指せ第二のHP
もしくはアップルだ!
いいね
・・・
東海岸のボストンで
大企業経営者を
育てるべく尽力していた
HBSも
西海岸から押し寄せる
新興企業の大波に
ついに屈しました
なんてこと
言ってましたよ
どうしましょう
もう
我慢ならん
プル
プル

西海岸の連中には負けてられん！
我々もアントレプレナーの育成に乗り出すぞ！
ハワード・スティーブンソン
Howard H. Stevenson
（1941～）
オオッ
1982年にHBSで起業家育成のための教育コースを立ち上げたのがハワード・スティーブンソンでした
見てろよ西海岸
もえてるな
スティーブンソンはアントレプレナーコースのために150以上のケースを執筆・監修し
コース担当教員を5人から35人へと増員しHBSをアメリカ最大級のアントレプレナー育成機関へと成長させました
まけるものか
まけるものか
まけるものか
いいかよく聞け
アントレプレナーシップとは「今自分が握っている資源を超えて機会を追求すること」だ！
必要なヒト・モノ・カネは奪え！
けどアントレプレナーって具体的にどんな人？
えんっと…
こらこらこらこらっ

アントレプレナーとはこのような「プロセス」を採る者だ
① 戦略の立て方：今の資源に囚われず機会を追求する
② 機会への対応：長期に徐々にではなく素早く対応する
③ 経営資源：所有するのではなく必要なだけ外から調達
④ 組織構造：ヒエラルキー型でなくフラットにインフォーマルなネットワークで多重に結ぶ
⑤ 報奨システム：個人でなくチーム単位で固定式でなく儲けに応じて配分する
要は「起業家として成功するには戦略をじっくり立てるのではなく
外部の機会に素早く対応し続けよ」ということですか？
その通りだ
目の前のチャンスをひたすら追う姿勢と力こそがすべてなのだ
アントレプレナー教育は著名な成功者と大量の失敗者を生み出しつつ21世紀へと突入していきます

アントレプレナーをどう育てるか——スタンフォードのターマンvs. HBSのスティーブンソン

01 スタンフォード大学フレッド・ターマンがシリコンバレーをつくった

- イノベーションとは、今の覇者をどんどん時代遅れの恐竜にしていく恐ろしい現象でした。しかしそれを脅威ではなく機会として活かしたのが、米西海岸を発祥の地とするIT企業群でした。HPに続いたDEC、コントロールデータ、データゼネラル、アップルらコンピュータメーカー群、ショックレー研究所、フェアチャイルド、インテルら半導体メーカー群が大きく成長し、そのほとんどが1985年のフォーチュン500にその名を連ねています。**その中心にいたのはスタンフォード大学でした。**
- スタンフォード大学に招聘されその中興の祖となったフレッド・ターマン（Frederick Terman、1900 ～ 1982）は、シリコンバレーの生みの親となりました。ミッションは「東部への学生の流出を食い止めよ」でした。
- 彼は「大学は象牙の塔であるよりも応用研究のセンターであるべきだ」との信念の下、著名教員を集めて大学院を強化するとともに、シリコンバレーに4000haの土地を用意して、多くの先端企業を誘致します。優秀な学生たちに最高の職場を与えようとしたのです。スタンフォード・リサーチパーク※13の誕生でした。
- 多くの場合、**われわれは成功したイノベーションの中心に特異な起業家を見出すので、おのずと起業戦略は「起業家論」となり**、どんなアントレプレナーなら成功できるのかという議論を巻き起こすことになりました。当然、その中心はスタンフォード大学や近接するカリフォルニア大学バークレー校でした。

02 HBSの変節。アントレプレナーが世界を救う？

- 1980年代になって、HBSが突如「アントレプレナーの育成」に乗り出します。大企業経営者を育てるべく尽力していたHBSも、学生たちの意識が「うまく起業して一攫千金、大金持ち！」に変わってしまったのですから仕方ありません。ポーターがその昔、学生に人気のある講座（ICA）を開発したことでHBSに根を下ろしたように、いつの時代も学生の就職先がビジネススクールの方向を決めるのです。
- その変革の中核となったのがハワード・スティーブンソン（Howard H. Stevenson、1941 ～）でした。**アントレプレナーシップを「今自分が握っている資源を超えて、機会を追求すること」と定義**したスティーブンソンは、82年にHBSに招聘され、起業家育成のための教育コースを立ち上げました。以来、その職を離れるまでにそのアントレプレナーコースのために150以上のケースを執筆・監修し、コース担当教員を5人から35人へと引き上げて、HBSをアメリカ最大級のアントレプレナー養成機関へと成長させました。まさに彼自身が起業家でした。
- ただ、89年度にもっとも速く成長していた米企業500社において、**7割近くが「起業時に、ちゃんとしたビジネスプラン（戦略と資源計画）などなかった」**と答えました。アントレプレナー論は、ここまで見てきた経営戦略論でいえばポジショニング派でもケイパビリティ派でもありません。**目の前のチャンスをひたすら追う姿勢と力こそがすべて**なのです。

※13 現在は約7000の企業が集まる世界最大級の産業クラスターとなっている。

01 Taylor
02 Ford
03 Mayo
04 Fayol
05 Barnard
06 Drucker
07 Ansoff
08 Chandler
09 Bower
10 Andrews
11 Kotler
12 Henderson
13 Gluck
14 Porter
15 Canon-Honda
16 Peters
17 Bmarking-Robert
18 Stalk
19 Hammer
20 Hamel-Prahalad
21 Foster
22 Terman

23 Senge-Nonaka
24 Barney

「組織ラーニング」の ピーター・センゲと野中郁次郎

センゲ

航空工学、哲学、社会システム論、経営学を学ぶ

「システム思考」を経営・経済の世界に持ち込む

43 歳『学習する組織』出版。HBR により「過去 75 年間で最も優れた経営書のひとつ」に選ばれる

野中

37 歳 UC バークレー校で経営学博士号取得

49 歳『失敗の本質』（共著）出版

60 歳 竹内弘高と『知識創造企業』出版。ナレッジ・マネジメント、SECI モデルを世に広める

65 歳『知識創造の経営』

それでは高跳び
「I」から始めましょう
I:内面化
マニュアルで導き
体得進化させる
S:共同化
仲間に直接
伝える
E:表出化
チームとして
マニュアル化する
Fosbury
Flop
Manual
Oregon
State Univ
C:連結化
他競技チームのと
組み合わせて
強化する

企業や社会の成長に必須なイノベーションを「新しい知識の創造ケイパビリティ」の問題と捉え
どんな企業でも解決可能だとする一派が1990年以降台頭します
ピーター・センゲ
Peter Senge
（1947～）
その先兵はMITのピーター・センゲです
スタンフォード大学で航空工学と哲学を修めた彼はMITに移って社会システム論の修士号とスローンスクールの経営学博士号を取りました
エンジニア、哲学者、社会学者で経営学者
そんな彼だからこそつくれたのが「企業をシステムとして理解する」という手法でした
よしっ できたぞ♪
センゲは『学習する組織』（1990）で「システム図」を多用して組織がなぜ意思や直感に反した動きをするのかを説明しようとします
システム論では「部分は互いに作用を及ぼし合っていて全体を部分に還元することはできない」と考えます
すべてのことは直列的に「AだからB」と決まるわけではなくて「A→B→A」というフィードバックがかかります
A→B
またAとBは互いに高め合ったりするために
AとBを足した全体の能力はA＋B以上のものになります
逆に言えば全体の能力はAとBをバラバラに見てもわからないのです！
ペラペラ
？
？
？
先生… わかりません
なんだって？
こんなことがわからんのか
ビックリ
さっぱり
「学ぶ力がすべてだ」と主張するだけあって『学習する組織』には新しいコンセプトや用語が山ほどありたいていの人は即座に挫折します

①個々人が旧来の思考方法(メンタルモデル)をやめる
②他人に対してオープンになること(自己マスタリー)を学ぶ
③会社や社会の実際のありようを理解(システム思考)する
④全員が納得できる方向性(共有ビジョン)をつくる
⑤そのビジョン達成のために協力する(チーム学習)ことができるような組織が「学習する組織」なのです
ちなみに企業の競争優位はこういった「個人と集団の両方の継続的学習」からしか生まれえない
ほらわかりやすい
「個人と集団の継続的学習」と言われても具体的に何をすればいいんでしょう……
NOoooo
なにを聞いていたんだっ!
ぬっ
私に任せなさい
そこに光をあてたのが一橋大学の野中郁次郎でした
「知識」には文章化できる「形式知」の他にそういう風には客観化できない主観的な「暗黙知」があります
イライラしないで
野中郁次郎
(1935～)
たとえば陸上競技の走り高跳び選手はその跳び方をこと細かく説明することはできません
ぴょーん
ふむふむ
ふむふむ
「走り高跳びができる」は暗黙知なのです それでも「高跳びマニュアル」は存在しこれが形式知です
そしてある日イノベーションが生まれる 1960年代にフォスベリーが1人で生んだ「背面跳び」がそれです そしてそれはマニュアル化されて広まっていったのです
ぴょーん
おおっ
もっとおしえて
おおっ

それでは高跳びを例に「I」から始めましょう
I:内面化
マニュアルで導き体得進化させる
S:共同化
仲間に直接伝える
E:表出化
チームとしてマニュアル化する
"Fosbury Flop" Manual
Oregon State Univ.
C:連結化
他競技チームのマニュアルと組み合わせて強化する
ぴょーん
ぴょーん
高跳び戦略全史
野中らのSECIモデル
暗黙知
暗黙知
暗黙知
形式知
共同化 Socialization
表出化 Externalization
暗黙知
形式知
内面化 Internalization
連結化 Combination
形式知
形式知
図にするとこうだね
セキモデルって呼んで
なるほど
わかりやすい!
オオッ
I(内面化)の個人の鍛錬の中で
S(共同化)の切磋琢磨の中で
E(表出化)の文章化の苦しみの中で
C(連結化)での異質との組み合わせの中で
イノベーションはどのプロセスにおいても起こりえます
I
C
イノベーション
S
E
すべてこの本の中に書いてありますよ♪
このSECIモデルは『知識創造企業』(1995)で表されます
THE KNOWLEDGE-CREATING COMPANY
IKUJIRO NONAKA
HIROTAKA TAKEUCHI
野中はさらにアメリカ流の戦略・組織論を否定します
戦略や戦術の詳細を定めてからそれを「組織化(役割分担と人の調達)」するのではイノベーションは生まれません

知識よりも
戦略に対する重要性の理解や
想いを持っている
適切な人を集め
戦略の方針さえ決めれば
詳細部分はチームが
決めて行っていくんです
あーでもない
こーでもない
これを彼は
「自己組織化」
と呼びました
ドラッカーが20年前に
『断絶の時代』（1969）
で示した「知識社会」
への入り口を
野中が開いたのです
ガチャ
知識社会
ぬっ
アメリカはそれまで
個人がイノベーションを
主導してきました
でも世界は変わった
とセンゲは言います
世界は相互の
つながりをより深め
ビジネスはより複雑で
動的になっている
今や組織のために
学習する人が1人いれば
十分という時代ではない
経営トップだけが
どうすればいいかを考え
他の人すべてをその命令に
従わせるなど
もう不可能なのだ
あっち
では「学習する組織」は
ジャンプのあるイノベーションを
生み出せるのでしょうか…
「自己組織化」の中で
「創発的」に
つくられた戦略は
本当に有効なもの
だったのでしょうか
サササッ
経営戦略の
進化は
まだまだ続きます
…
…

センゲと野中の組織ラーニング

01

イノベーションとは「新しい知識の創造ケイパビリティ」である

- 企業や社会の成長に必須なイノベーションを、投資や選別といったポジショニングの問題でも、今保有しているケイパビリティの問題でもなく、起業家（企業家）という人々の姿勢や能力の問題だとしたのが、アントレプレナー論でした。大変魅力的ですが大企業には厳しい話です。そこにイノベーションを「新しい知識の創造ケイパビリティ」の問題であり、どんな企業でも解決可能だ、とする一派が1990年以降、台頭します。その先兵はMITのピーター・センゲ（Peter Senge、1947 ～）でした。エンジニアで哲学者で社会学者で経営学者であった彼は、「企業をシステムとして理解する」手法を編み出しました。

02

博学センゲの『学習する組織』には学ぶべきことがいっぱい！

- システム論では「部分は互いに作用を及ぼし合っていて、全体を部分に還元することはできない」と考えます。『学習する組織』（1990）でセンゲは、そういったフィードバック現象を示す「システム図」を多用して、組織がなぜ、意思や直感に反した動きをするのかを説明しようとします。
- でもさすが「学ぶ力がすべてだ」と主張するだけあって、『学習する組織』には新しいコンセプトや用語が山ほどあり、たいていの読者は即座に挫折します。たとえば「メンタルモデルの放棄」「自己マスタリー」「システム思考」「共有ビジョン」「チーム学習」ができるような組織が「学習する組織（The Learning Organization）」なのです。企業の競争優位は、このような個人と集団の双方の「継続的学習」からしか生まれえないとセンゲは主張しました。

03

野中郁次郎の挑戦——知識創造のSECIモデル

- その「継続的学習」に光を当てたのが、一橋大学の野中郁次郎（1935 ～）でした。「知識」には文章（や図表）化できる「形式知」の他に、そういうふうには客観化できない主観的な「暗黙知」があります。野中は、そういった新しい知識がどうやって個人と集団（組織）の中で生まれていくかの循環型プロセス「SECI（セキ）モデル」を示しました。
- このSECIモデルは『知識創造の経営』（1990）で表され、翌年にはHBSに論文の形で、そして95年には増補版の『The Knowledge-Creating Company』※14が出たことで、世界的に広く知られるようになりました。当時関心を集めていた「チームでの知識創造」「連続した漸進的なイノベーション」の仕組みを説明していたからです。
- 野中は主張しました。戦略や戦術を定めてからそれを「組織化（役割分担と人の調達）」するのではイノベーションは生まれない。戦略に理解や想いを持っている適切な人を集め、戦略の方針さえ決めればあとは「自己組織化」され、チームが決めて行っていく、と。センゲも言います。「世界は相互のつながりをより深め、ビジネスはより複雑で動的になっている。**今や、組織のために学習する人が１人いれば十分という時代ではない**」
- では、学習する組織は、ジャンプ力のあるイノベーションを生み出せるのでしょうか？「自己組織化」の中で「創発的」につくられた戦略は、本当に有効なのでしょうか？

※14 全米出版家協会の「ベストブック・オブ・ザ・イヤー」に選ばれた。

01 Taylor
02 Ford
03 Mayo
04 Fayol
05 Barnard
06 Drucker
07 Ansoff
08 Chandler
09 Bower
10 Andrews
11 Kotler
12 Henderson
13 Gluck
14 Porter
15 Canon-Honda
16 Peters
17 Bmarking-Robert
18 Stalk
19 Hammer
20 Hamel-Prahalad
21 Foster
22 Terman
23 Senge-Nonaka

24 Barney

「ケイパビリティ派」の番長

ジェイ・バーニー

イェール大学でPh.D.修得後、UCLAで教鞭を執る

組織戦略の大家に

ルメルトとともにRBVを理論化

資源の使い方がよければ「持続的な競争優位性につながる」に違いない！
キ
バーニーの「VRIOフレームワーク」
持続的な競争優位性の源泉
①Value 経済価値
・顧客にとって価値があるのか
②Rarity 希少性
・他社には手に入れにくいのか
③Imitability 模倣困難性
・真似しづらいものか
④Organization 組織
・各資源を有効に活用できる組織か
その経営資源が「持続的な競争優位性の源泉」となりうるのかどうかを見分ける判断基準はこの4つだ
どどーん
経済価値
希少性
模倣困難性
組織
VRIO
フレームワーク
呼んでくれ

「資源ベースの戦略論(RBV)」※で
ケイパビリティ派の番長となった
バーニー
ジェイ・バーニー
Jay B.Barney
(1954～)
1984年
オハイオ州立大学の
ジェイ・バーニーをはじめ
同じ大学の
ルメルト(153頁参照)や
ダートマス大学タック校の
マーガレット・ペタラフらが
中心となって
RBVを発表します
リチャード・ルメルト
Richard Rumelt
マーガレット・ペタラフ
Margaret Peteraf

※Resource-Based View：資源ベースの戦略論

ポーターは業界
の収益性
(儲けられる市場か)
を知るために
経営学に
経済学的手法を
持ち込みました
(5力分析)
儲けられる市場
儲けうる組織
バーニーらは
個別企業の収益性の差
(儲けうる組織か)を
理解するために
経済理論を使ったのです
同じ業界にいながら
企業間で
パフォーマンス(収益など)に
差があるのは
各企業の
「経営資源の使い方」
に差があるからだろ
つまり…
カッ
カッ

式にすればこうなる
Resourse
・経営資源＝有形資産 ＋ 無形資産 ＋ ケイパビリティ
(立地など) (ブランドなど) (サプライチェーン能力や経営判断力など)
資源の使い方がよければ「持続的な競争優位性につながる」に違いない！
キラッ
バーニーの「VRIOフレームワーク」
持続的な競争優位性の源泉
①Value 経済価値
・顧客にとって価値があるのか
②Rarity 希少性
・他社には手に入れにくいのか
③Imitability 模倣困難性
・真似しづらいものか
④Organization 組織
・各資源を有効に活用できる組織か
その経営資源が「持続的な競争優位性の源泉」となりうるのかどうかを見分ける判断基準はこの4つだ
どどーーん
経済価値
希少性
模倣困難性
組織
VRIOフレームワークと呼んでくれ
ではVRIOフレームワークをもう少し詳しく説明するぞ
ペラッ
たとえばデルだ 90年代厳しい事業環境下でも成功を収めていた理由を分析してみせよう
詳しくは『企業戦略論』（1996）を読むといい
GAINING AND SUSTAINING COMPETITIVE ADVANTAGE
JAY B.BARNEY

購買機能
まずVRIOでデルの「購買機能」を見てみるぞ
大量購買でV（経済価値）はあるがR（希少）でもI（模倣困難）でもない
JIT方式※での購買もV・RがありIがないので「一時的競争優位」にとどまるな
経済価値
希少
模倣困難
DELL
※トヨタ生産方式ともいう
販売・サポート機能
続いて「販売・サポート機能」
電話・ネット対応で先頭を走っており評価も高い
電源がつかない？ではコンセントを入れてみて下さい
ほらついた
この顧客間での名声・評判にV・R・Iがあるから「持続的な競争優位」となり続けるだろう
製品組み立て機能
そして「製品組み立て機能」
細部にわたった工夫が継続的になされておりV・R・Iが高い
これこそデルの「持続的競争優位の源泉」だな
部品配送・製品輸送・在庫保持・アプリケーションソフト機能
最後に「部品配送・製品輸送・在庫保持・アプリケーションソフト機能」
これらにはV・R・Iがないからデルは機能をアウトソーシングしている
会社としてはV・R・Iのある機能に集中できているからOが優れているといえる
O=組織
そうこ
だからデルは優位性を持続できるんだ
わかったかな
フフフ
もう一度言おう本を読め
しかし数年後そのデルの競争優位性はあえなく崩れました
なんだとっ！
赤っ恥っ!!
バサッ
RBVは意外なほど「静的」で「内向き」で外部環境の変化を取り入れる構造になっていなかったからです

VRIOフレームワークで一番肝心な「経済価値」の分析が曖昧だったのもダメでした
バキッ
ぎゃあ！
全コスト
製品組み立て機能
デルでの製品組み立て機能でいえばいくら工夫が素晴らしくともそれが製品全体のコストの数%しか占めないのでは経済価値があるとは言えません
あー
あー
またどんな「資源」が有効かは示しましたがどうやってその資源を創造・獲得できるのかという「プロセス」は示せていませんでした
どうやって資源にするんですか？
ぎゃあああ
ゆえにRBVは経営戦略論としては未完の大器であり企業経営における実戦配備はまだまだという状況です
私がやってきたことはいったい…
ズーーン
スッ
まだ欠点はありますが研究する価値はありますよ
私の研究のヒントになりました

数々の構造的欠陥を
指摘されながらも
RBVは多くの研究者の
知的好奇心を刺激し
結合能力に注目した「ダイナミック・ケイパビリティ」
「コア・コンピタンス」論の理論的基礎
イノベーションやラーニングの概念を取り入れた「結合されたケイパビリティ」
RBV

ケイパビリティ派の
中核コンセプトと
なりました
研究者たちは果たして
経済学と企業活動・企業家を
最初に結びつけた
シュンペーターの業績を超えることは
できるでしょうか
ダニー・ミラー
ラッフィ・アミット
C.K.プラハラード
ゲイリー・ハメル
デビッド・J・ティース
マーガレット・ペタラフ
そして経営の現場で使える
コンセプトやツールを
開発することは
できるでしょうか

ケイパビリティ派の花畑に咲いたバーニーのRBV

001 バーニーらは企業が持てるすべてを「資源」と呼び、それが収益を決めると考えた

- 7SからTBCにイノベーション、1980年から95年はまさに経営戦略論の百花繚乱（ひゃっかりょうらん）の時代でした。書店では、それまでマイナーだったビジネス書コーナーが、文芸書と並ぶ位置を占め始めました。でもどれも決定打とはならず、経営者たちを戸惑わせもしました。
- その状況を打ち破るものと（経営学者たちに）期待されたのが、RBV（Resource-Based View 資源ベースの戦略論）でした。1984年以降、ルメルトやオハイオ州立大学のジェイ・バーニー（Jay B. Barney、1954～）とダートマス大学タックのマーガレット・ペタラフ（Margaret Peteraf）らが中心となって研究を推し進めました。
- ここでも経済学的手法が使われました。ポーターは業界の収益性（儲けられる市場か）を知るために、経営学に経済学的手法を持ち込みました（５力分析）が、**バーニーらは、個別企業の収益性の差（儲けられる組織か）を理解するために経済理論を使った**のです。
- 彼らは、同じ業界にいながら企業間でパフォーマンス（収益など）に差があるのは、各企業が持つ経営資源の使い方の効率に差があるからだと考えました。

・資源＝有形資産（立地など）＋無形資産（ブランドなど）＋ケイパビリティ（サプライチェーン能力や経営判断能力など）

- 資源の使い方がよければ「持続的な競争優位性につながる」と言うのです。

002 VRIO分析によるデルの戦略優位性評価とその失敗

組織
模倣困難性
希少性
経済価値

- その判断基準としてバーニーは、**「経済価値（Value）」「希少性（Rarity）」「模倣困難性（Imitability）」**「非代替性（Nonsubstitutability）」の４つを挙げました。のちに４つ目が**「組織（Organization）」に替わって、VRIO（ヴリオ）フレームワーク**と称されるようになりました。
- たとえばバーニーは名著『企業戦略論』（1996）の中で、厳しい事業環境下でも成功を収めていた90年代のデルをVRIOフレームワークで分析しています。
- しかし、デルの競争優位性がその数年後にはあえなく崩れたように、RBVは意外なほど「静的」で「内向き」でした。外部環境の変化（の予測）を取り入れる構造になっておらず、「経済価値」の分析も曖昧でした。どんな「資源」が有効かは示しましたが、どうやったらその資源を創造・獲得できるのかという「プロセス」は示せていませんでした。
- RBVは経営戦略論としては未完の大器であり、企業経営における実戦配備はまだまだという状況です。そういった数々の構造的欠陥を指摘されながらも、RBVは多くの研究者の知的好奇心を刺激し、ケイパビリティ派の中核コンセプトとなっていきます。「コア・コンピタンス」論の理論的基礎となったり、イノベーションやラーニングの概念を取り入れて「結合されたケイパビリティ」や「ダイナミック・ケイパビリティ」の概念に進化したり。
- **RBVは今**、マクロとミクロ、経済と経営、戦略とプロセス、企業と企業家と従業員、静的と動的、そのすべてを統合しようとする**研究者たちの壮大な知的挑戦の場**となっています。学者たちは果たして、経営の現場で使えるコンセプトやツールを開発することができるのでしょうか。

テイラー、メイヨーたちが経営という山をつくった

「経営」を工場や現場の科学的管理だとして、その生産性向上とともに作業者の働きがいアップを図ったのがテイラーでした。「科学的管理」という名の現代的経営論の源流です。

そこにホーソン工場実験で有名なメイヨーが「人の生産性は労働条件やプロセス改善だけでは決まらない」として「人間関係論」を打ち立てました。賃金でないソフトな「やる気」が大事だと。

「経営」とはもっと広く企業活動の統制（administration）のことだと、その諸活動の定義とともに明らかにしたのがフランス人経営者のフェイヨルでした。20世紀初頭のお話です。

しばらく下って1930年代、アメリカに端を発した世界恐慌が企業に「経営」の大切さを痛感させます。豊かな大衆による市場の拡大に頼った成り行き任せの経営ではまずいと悟ったのです。経営という名の山は高く険しいのだと、バーナードは経営者たちに語りかけました。

そしてドラッカーはその山を「マネジメント」と名づけ、その山の変容についての数々の予言を残しました。では、この高き山をどう登ればいいのでしょうか。

1910～50年代
ビジネスの成功
『経営』山

1960～80年代
ビジネスの成功
『経営戦略』

「登る価値のある山を登れ」とポジショニング派は言った

まず「経営戦略はアートだ」としながらも一定の分析方法や構築手法を示したのがアンゾフ（「アンゾフ・マトリクス」で成長ベクトルを示した）やチャンドラー（組織は戦略に従う！）、アンドルーズ（「SWOT分析」を広めた）たちでした。

その後、1960年代になって経営戦略に特化したコンサルティング会社BCGが生まれ、戦略オタク、ヘンダーソンの下、「経験曲線」や「成長・シェアマトリクス（PPM）」「アドバンテージ・マトリクス」などの事業分析・管理ツールを生み出します。数字や事実に基づいた極めて分析的な手法で、後に「大テイラー主義」とも呼ばれました。

その「事業環境分析」部分を「5力分析」で強化し、企業活動を「バリューチェーン」で再定義したのが、HBSのチャンピオン、ポーターでした。経済学の手法を（かなり無理やり）経営学に取り入れたことが勝

「登坂力を上げて、それに適した山に登れ」と ケイパビリティ派は言った

でもそうやってつくった経営戦略による「優位性」がすぐ消えてしまうことにみな気がつき始めました。キヤノン、トヨタ、ホンダといった日本企業のせいです。みな、難攻不落のハズの城壁を越え、アメリカ企業（ゼロックスやＧＭ）の牙城を侵食し始めたのです。

そこでできてきたのが、経営戦略を「自分のケイパビリティ上の強み」に立脚してつくろうというケイパビリティ派の面々でした。

ケイパビリティ（企業能力）と言ってもいろいろです。それを表現したのはマッキンゼーの「７Ｓ」でしたが、その考えを基にピーターズらが『エクセレント・カンパニー』（１９８２）を書き、競争力の源泉がポジショニングだけではないのだと、みなが認識しました。ハメルらによる『コア・コンピタンス経営』（１９９４）は、さらにさまざまなケイパビリティ派が咲き誇る１９９０年代の先駆けでした。

「破壊せよ」と叫んだハマーの『リエ

1980～90年代
ビジネスの成功
『経営戦略』

因でした。１９８０年代のことです。経営戦略とは「儲けられる市場」を選んで、そこで「儲かる位置取り」をすること（ポジショニング）だ。組織や人はそれに合わせて強化すべき、とするポジショニング派がここまで優勢でした。経営という山を登るには、価値ある山を選び、登りやすい道を探すのが一番だと……。

ンジニアリング革命』も、ＢＣＧの生産オタクストークによる『タイムベース競争戦略』も１９９０年。いずれも測定可能なケイパビリティ戦略でした。

90年は野中の『知識創造の経営』が出た年でもありました。『学習する組織』のセンゲとともに組織と人の学習――「ラーニング」の価値や仕組みを広めました。学問上、これらをまとめたのがＲＢＶ（Resource-Based View：資源ベースの戦略）という考え方であり、その中心はバーニーでした。

ポジショニング派とケイパビリティ派はお互いの考え方を譲らず、「ポジショニングが先」「いや、ケイパビリティが先」という論争が続きました。

革新篇に向けて

ケイパビリティ派の諸説が意気軒昂と21世紀へとなだれ込もうとしていた１９９０年代に、その基盤ともなっていた日本企業の変調が伝えられました。

ＪＩＴ方式[※15]やタイムベース競争戦略を生んだ日本では、すべての企業が「時間」や効率化・多品種化に向かって突入していきました。商品開発サイクルは短くなり、品種は激増し、価格は下落を続けました。そのケイパビリティ競争の行き着く果てに利益はなく、企業プレイヤーみなが高効率・低収益の罠に陥っていました。「持続的な競争優位のためには、ポジショニングよりケイパビリティだ」としてきたケイパビリティ派の土台が大きく揺らいだのです。すかさず、ポジショニング派のチャンピオン、ポーターがそれを攻め……。

でも本当の答えはもっと別のところにありました。さあ、21世紀の「経営戦略論の戦い」を語る革新篇へ！

※15　求められる期限内ぎりぎりに生産・納入すること。Just-In-Time。

主要人物（登場順）

フレデリック・テイラー
Frederick Taylor ──【1856～1915】

生産性は労働条件と賃金体系の工夫で科学的に上げられる

・「科学的管理法」導入による生産性向上／ショベル研究
・ヒトは労働条件の改善と経済的インセンティブで働く

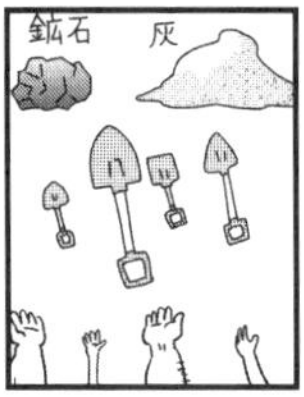
鉱石
灰

原題 Original title
The Principles of Scientific Management

出版年 Publication year
1911

邦題 Japanese title
｜新訳｜科学的管理法

出版社 Publisher
ダイヤモンド社

登場頁 Page
P16

ヘンリー・フォード
Henry Ford ──【1863～1947】

安価な自動車によって豊かな大衆を生み出せる

・「大量生産方式」によってT型フォードを年収の8分の1の値段に
・経営者はより多くを労働者に支払うべきという「賃金動機」

企業名 Campany
フォード・モーター

英称 English name
Ford Motor

設立 Founded
1903

役職 Role
創業者

登場頁 Page
P24

エルトン・メイヨー
George Elton Mayo ──【1880～1949】

生産性はプライドや対話などの人間関係で決まる

・「人間関係論」を導きだした「ホーソン実験」
・ヒトはお金や労働条件よりも人間関係に重きを置く

原題 Original title
The Human Problems of an Industrial Civilization

出版年 Publication year
1933

邦題 Japanese title
産業文明における人間問題

出版社 Publisher
日本能率協会

登場頁 Page
P34

アンリ・フェイヨル
Henri Fayol ――【1841 ～ 1925】

生産性は管理者による経営・管理プロセス遂行で上がる

・工場でなく企業全体の活動とその統治プロセスを定義
・計画・組織化・指令・調整・統制のPOCCCサイクル

ドドン
ADMINISTRATION
INDUSTRIELLE ET GÉNÉRALE
HENRI FAYOL
発,生産,成形,加工[開発・生産]
買,販売,交換[販売・購買]

原題 Original title
Administration industrielle et générale

出版年 Publication year
1916

邦題 Japanese title
産業ならびに一般の管理

出版社 Publisher
未来社

登場頁 Page
P44

アルフレッド・スローン
Alfred Sloan ――【1875 ～ 1966】

自ら需要を生み出して世界恐慌を乗り切れ

・多ブランド化、自己陳腐化による需要創造
・事業部制の導入

GM
キャデラック
オールズモビル
ビュイック
ポンティアック
シボレー

企業名 Campany
ゼネラル・モーターズ

英称 English name
General Motors

設立 Founded
1908

役職 Role
元社長・中興の祖

登場頁 Page
P56

チェスター・バーナード
Chester L. Barnard ――【1886 ～ 1961】

経営者は組織をシステムにして外部環境変化を乗り切れ

・組織に「共通の目的」「貢献意欲」「コミュニケーション」を与えよ
・共通の目的＝経営戦略（Strategy）

THE FUNCTIONS
OF THE EXECUTIVE
Chester I. Barnard

原題 Original title
The Functions of the Executive

出版年 Publication year
1938

邦題 Japanese title
経営者の役割
―その職能と組織

出版社 Publisher
ダイヤモンド社

登場頁 Page
P56

ピーター・ドラッカー
Peter F. Drucker ――【1909 ～ 2005】

企業経営とは顧客に価値を与えヒトを生産的にし公益をなすもの

・『会社という概念』はGMで禁書となったがフォードを救った
・『現代の経営』が示した企業とマネジャーの存在意義

ドン
PETER F. DRUCKER
Management:
Tasks,
Responsibilities,
Practices

原題 Original title
Concept of the Corporation

出版年 Publication year
1946

邦題 Japanese title
会社という概念

出版社 Publisher
東洋経済新報社

登場頁 Page
P60

イゴール・アンゾフ

H. Igor Ansoff ——【1918～2002】

企業戦略で成長の方向性を決め事業ポートフォリオを管理せよ

・成長の方向性を決めるための「アンゾフ・マトリクス」
・To Be と As Is の「ギャップ分析」

Corporate Strategy
H. Igor Ansoff

原題 Original title
Corporate Strategy

出版年 Publication year
1965

邦題 Japanese title
企業戦略論

出版社 Publisher
産業能率短期大学出版部

登場頁 Page
P68

アルフレッド・チャンドラー

Alfred Chandler, Jr. ——【1918～2007】

組織と戦略は互いに深く関わるが組織のほうが変えにくい

・事業部制の教科書となった『組織は戦略に従う』
・デュポンは事業部制によって多角化戦略を成功させた

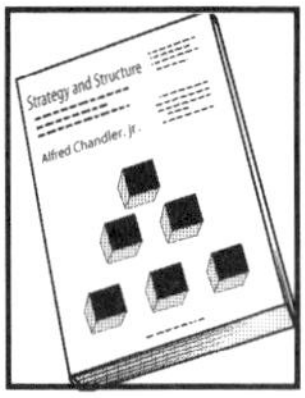

Strategy and Structure
Alfred Chandler, Jr.

原題 Original title
Strategy and Structure

出版年 Publication year
1962

邦題 Japanese title
組織は戦略に従う

出版社 Publisher
ダイヤモンド社

登場頁 Page
P78

ジャック・ウェルチ

Jack Welch ——【1935～】

戦略は簡単だ。問題は実行だ

・世界でシェアが1位か2位でなければ撤退。事業を3分の1に絞り込んだ
・81～01年までGEのCEO

企業名 Campany
ゼネラル・エレクトリック

英称 English name
General Electric

設立 Founded
1892

役職 Role
元 CEO

登場頁 Page
P84

マーヴィン・バウアー

Marvin Bower ——【1903～2003】

われらはプロフェッショナル。組織コンサルティングに絞り込め

・マッキンゼーの事実上の創業者
・サーベイを活用した事業部制の導入支援

ピョン
ピョン
成長の壁
作業や答えの標準化
商品の絞り込み

原題 Original title
The Will to Manage

出版年 Publication year
1966

邦題 Japanese title
マッキンゼー経営の本質

出版社 Publisher
ダイヤモンド社

登場頁 Page
P88

ケネス・アンドルーズ
Kenneth Andrews ――【1916～2005】

戦略をつくる手順は広めたが、戦略はやっぱりアートだ

・SWOT分析など計画手順をまとめた「ビジネス・ポリシー」
・企業戦略とは機械的には決まらないアート

BUSINESS POLICY

原題 Original title
Business Policy: Text and Cases

出版年 Publication year
1965

出版社 Publisher
Irwin

登場頁 Page
P96

フィリップ・コトラー
Philip Kotler ――【1931～】

マーケティングとは調査・STP・MM・管理プロセスだ

・PLCなど諸概念を世界に広めた『マーケティング・マネジメント』
・STP（セグメンテーション・ターゲティング・ポジショニング）がコア

Marketing Management
Philip Kotler

原題 Original title
Marketing Management

出版年 Publication year
1967

邦題 Japanese title
マーケティング マネジメント

出版社 Publisher
鹿島研究所出版会

登場頁 Page
P106

ブルース・ヘンダーソン
Bruce Henderson ――【1915～1992】

経験不問、高い知的水準求む。この世のすべてを解き明かせ！

・メーカーとコンサルティング会社を渡り歩いたBCGの創業者
・「成長・シェアマトリクス（PPM）」「経験曲線」「持続可能な成長の方程式」

原題 Original title
Henderson on Corporate Strategy

出版年 Publication year
1979

邦題 Japanese title
経営戦略の核心

出版社 Publisher
ダイヤモンド社

登場頁 Page
P118

ジョン・クラークソン
John S. Clarkson ――【1943～】

累積の生産量が倍になればコストは一定割合ずつ下がる

・テレビ部品事業プロジェクトで「経験曲線」を発見
・BCG創業直後にHBSから入社。後にCEO

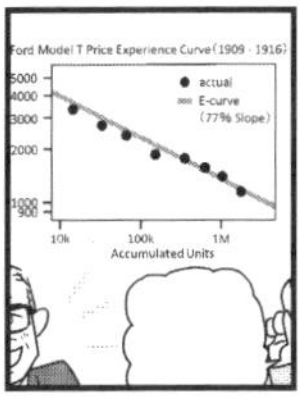

Ford Model T Price Experience Curve (1909 - 1916)
actual
E-curve (77% Slope)
Accumulated Units

企業名 Campany
ボストン コンサルティング グループ

英称 English name
Boston Consulting Group（BCG）

設立 Founded
1963

役職 Role
元 CEO

登場頁 Page
P120

リチャード・ロックリッジ
Richard Lockridge

多くの事業の位置づけを数値で明確化できる

・「成長・シェアマトリクス」金のなる木・スター・問題児・負け犬に4分類
・「アドバンテージ・マトリクス」もつくった天才BCGコンサルタント

相対シェア
高い
低い
スター
Star
問題児
Problem Child
金のなる木
Cash Cow
負け犬
Dog

企業名 Campany
ボストン コンサルティング グループ

英称 English name
Boston Consulting Group (BCG)

設立 Founded
1963

役職 Role
コンサルタント

登場頁 Page
P124

ジェイムズ・アベグレン
James Christian Abegglen ――【1926 ~ 2007】

日本企業に学べ

・日本企業の発展のヒミツは「終身雇用」「年功序列」「企業内組合」
・BCGでやっと東京オフィス開設を実現。日本への窓になる

The Japanese Factory

原題 Original title
The Japanese Factory

出版年 Publication year
1958

邦題 Japanese title
日本の経営

出版社 Publisher
ダイヤモンド社

登場頁 Page
P122

アラン・ゼーコン
Alan Zakon ――【1935 ~ 】

事業に自信があるなら借金を増やせ

・「持続可能な成長の方程式」を開発
・財務論の大学准教授から経営コンサルタントに転身

企業名 Campany
ボストン コンサルティング グループ

英称 English name
Boston Consulting Group (BCG)

設立 Founded
1963

役職 Role
元 CEO

登場頁 Page
P123

フレッド・グラック
Frederick W. "Fred" Gluck ――【1935 ~ 】

戦略サービス強化のために全役員を1週間合宿へ

・ロケット・サイエンティスト出身の異分子
・ロン・ダニエルの後を受けて最高責任者に

McKinsey
&Compan

企業名 Campany
マッキンゼー・アンド・カンパニー

英称 English name
McKinsey & Campany

設立 Founded
1926

役職 Role
元マネージング・ディレクター

登場頁 Page
P130

大前研一
Ken-ichi Omae ――【1943～】

問題解決技法・思考のスピードで勝負

・「3C分析」Customer・Competitor・Company
・グラックとともにマッキンゼーの戦略サービス強化に貢献

邦題 Japanese title
企業参謀（新装版）

出版年 Publication year
1999

出版社 Publisher
プレジデント社

登場頁 Page
P133

マイケル・ポーター
Michael E. Porter ――【1947～】

経営戦略とは経済学的なポジショニングのこと

・「5カ分析」で儲けられる市場を、「戦略3類型」で儲かる位置取りを知る
・HBSの古株たちを大ヒット科目と『競争の戦略』でねじ伏せる

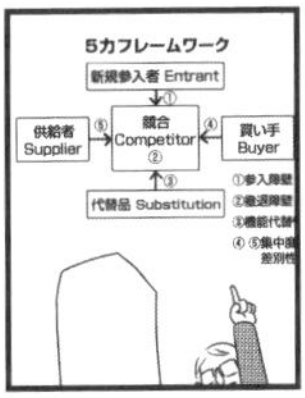

5カフレームワーク
新規参入者 Entrant
供給者 Supplier
競合 Competitor
買い手 Buyer
代替品 Substitution

原題 Original title
Competitive strategy

出版年 Publication year
1980

邦題 Japanese title
競争の戦略

出版社 Publisher
ダイヤモンド社

登場頁 Page
P138

本田宗一郎
Soichiro Honda ――【1906～1991】

不可能な技術や市場こそがチャンスだ

・スーパーカブで米のミニバイク市場創造。そこから中大型に
・CVCCエンジンで世界最高の低排気ガス実現

ホンダ

企業名 Campany
本田技研工業

英称 English name
Honda Motor

設立 Founded
1946

役職 Role
創業者

登場頁 Page
P152

リチャード・ルメルト
Richard Rumelt ――【1942～】

ホンダは自動車業界に参入すべきでなかった……

・すでに市場は飽和状態で優れた大きな競争相手もいる
・ホンダに自動車経験はなく流通チャネルもない

った
にいた
が
ルを

原題 Original title
Strategy, Structure, and Economic Performance

出版年 Publication year
1974

邦題 Japanese title
多角化戦略と経済成果

出版社 Publisher
東洋経済新報社

登場頁 Page
P153

入交昭一郎
Shoichiro Irimagiri ——【1940～】

ホンダの経営・生産哲学「ホンダ・ウェイ」は世界で通用する

- 米生産子会社HAM立ち上げに成功
- 最年少役員、ホンダのプリンス

企業名 Campany
本田技研工業

英称 English name
Honda Motor

設立 Founded
1946

役職 Role
元副社長・HAM社長

登場頁 Page
P154

リチャード・パスカル
Richard Pascale ——【1938～】

ホンダに戦略などなかった。ただ、気合いと試行錯誤があった

- 欧州でなくまず米市場に参入したはそこがバイクの本場だったから
- 「ホンダ効果」西洋人は成功のすべてに理屈を付けたがる

わかったでござる
ホンダのすべて

原題 Original title
The Art of Japanese Management

出版年 Publication year
1981

邦題 Japanese title
ジャパニーズ・マネジメント

出版社 Publisher
講談社文庫

登場頁 Page
P156

トム・ピーターズ
Tom Peters ——【1942～】

超優良企業はハードなSでなくソフトなSに優れる

- 「7S」は成功した日本企業から抽出。本では米企業を紹介
- マッキンゼーを辞め講演・調査・出版のサイクルを回す

In Search of
EXCELLENCE
Lessons From America's Best-Run Companies
Thomas J. Peters

原題 Original title
In Search of Excellence

出版年 Publication year
1982

邦題 Japanese title
エクセレント・カンパニー

出版社 Publisher
英治出版

登場頁 Page
P162

ロバート・キャンプ
Robert C. Camp

ベンチマーキングは単純だ。ベスト・プラクティスから学べ

- ゼロックスでベンチマーキングを主導
- 内部、競合、機能、一般プロセスに学ぶ

いざ！

原題 Original title
Business Process Benchmarking

出版年 Publication year
1994

邦題 Japanese title
ビジネス・プロセス・ベンチマーキング

出版社 Publisher
生産性出版

登場頁 Page
P168

ハーバート・ケレハー
Herbert D. Kelleher ——【1931～】

経験者不要。常識に囚われず新しい航空会社を！

・サウスウエスト航空の創業者
・インディ500に学んで10分ターン実現

サウスウエスト航空の
「10分ターン」
・競合他社は50分程度
・インディ500でのピ
0分
60分
10分

企業名 Campany
サウスウエスト航空

英称 English name
Southwest Airlines

設立 Founded
1967

役職 Role
創業者

登場頁 Page
P171

ジョージ・ストーク
George Stalk Jr. ——【1951～】

時間短縮こそが差別化にもコストダウンにも効く

・トム・ハウトとの「タイムベース競争戦略」が大ヒット
・コストでなく時間をハカる

COMPETING
AGAINST
TIME
GEORGE STALK,JR.
THOMAS M.HOUT

原題 Original title
Competing Against Time

出版年 Publication year
1990

邦題 Japanese title
タイムベース競争戦略

出版社 Publisher
ダイヤモンド社

登場頁 Page
P176

マイケル・ハマー
Michael Hammer ——【1948～2008】

自動化するな、すべてを破壊せよ！

・抜本的改革を目指した「リエンジニアリング」
・業務も情報システムも組織も戦略も同時に変える

破壊せよ
REENGINEERING
CORPORATION
MICHAEL HAMMER
JAMES CHAMPY

原題 Original title
Reengineering the Corporation

出版年 Publication year
1993

邦題 Japanese title
リエンジニアリング革命

出版社 Publisher
日本経済新聞社

登場頁 Page
P184

ジェイムズ・チャンピー
James A. Champy ——【1942～】

リエンジニアリングを全力で売り込め

・コンサルティング会社CSCインデックスを20倍の規模に
・1999年、同社は破産・清算……

これで
BPR
(ビジネス)
(プロセス)
(リエンジニアリング)
が世に広まるぞ

原題 Original title
Reengineering the Corporation

出版年 Publication year
1993

邦題 Japanese title
リエンジニアリング革命

出版社 Publisher
日本経済新聞社

登場頁 Page
P184

トーマス・ダベンポート
Thomas H. Davenport ——【1954 ～】

リエンジニアリングは失敗だった……

・リエンジニアリング提唱者の1人
・改革でなく事業・雇用縮小の道具に使われた

原題 Original title
Process Innovation: Reengineering Work Through Information Technology

出版年 Publication year
1992

邦題 Japanese title
プロセス・イノベーション

出版社 Publisher
日経BP社

登場頁 Page
P186

ゲイリー・ハメル
Gary Hamel ——【1954 ～】

コア・コンピタンスから事業を成長させよ

・収益につながる持続的なケイパビリティ
・ロンドンビジネスクール教授

コンピタンス

原題 Original title
Competing for the Future (w/ C. K. Prahalad)

出版年 Publication year
1994

邦題 Japanese title
コア・コンピタンス経営

出版社 Publisher
日経ビジネス人文庫

登場頁 Page
P190

C・K・プラハラード
C. K. Prahalad ——【1941 ～ 2010】

コア・コンピタンスとは「機会」付きの「強み」である

・ホンダのエンジン、シャープの液晶技術、フェデックスの所在追跡能力
・ミシガン大学教授。ハメルの恩師

原題 Original title
Competing for the Future (w/ Gary Hamel)

出版年 Publication year
1994

邦題 Japanese title
コア・コンピタンス経営

出版社 Publisher
日経ビジネス人文庫

登場頁 Page
P190

リチャード・フォスター
Richard Foster ——【1942 ～】

イノベーションとは二重のS字曲線だ

・マッキンゼーのR&Dスペシャリスト
・真空管→トランジスタでも「担当者の変更」が起こった

旧担当者
新担当者
真空管
トランジスタ

原題 Original title
Innovation: The Attacker's Advantage

出版年 Publication year
1986

邦題 Japanese title
イノベーション：限界突破の経営戦略

出版社 Publisher
阪急コミュニケーションズ

登場頁 Page
P196

ヨゼフ・シュンペーター
Joseph Schumpeter ——【1883 ~ 1950】

イノベーションこそが景気を変動させる原動力

・「担当者の変更」「金融機能の重要性」「企業家の役割」などを
・景気変動理論としては受けなかった

企業家の
行う
不断のイノベーション
こそが経済を
変動させる

原題 Original title
Theorie der wirtschaftlichen Entwicklung

出版年 Publication year
1912

邦題 Japanese title
経済発展の理論

出版社 Publisher
岩波書店

登場頁 Page
P196

フレッド・ターマン
Frederick Terman ——【1900 ~ 1982】

諸君。何も知らない連中の方が、革新の旗手たりえる

・起業家を育て支援するスタンフォード・リサーチパーク開設
・シリコンバレーの素となった

どーーん

企業名 Campany
スタンフォード・リサーチパーク

英称 English name
Stanford Research Park

設立 Founded
1951

役職 Role
創立者

登場頁 Page
P202

ハワード・スティーブンソン
Howard H. Stevenson ——【1941 ~ 】

起業家なら、今の資源に囚われず機会を追求せよ

・HBSを最大規模の起業家育成機関に
・プランでなくヒトが投資家を惹きつける

原題 Original title
Getting to Giving: Fundraising the Entrepreneurial Way

出版年 Publication year
2011

出版社 Publisher
Timberline

登場頁 Page
P206

ピーター・センゲ
Peter Senge ——【1947 ~ 】

イノベーションとは新しい知識の創造ケイパビリティだ

・企業をフィードバックの掛かる「システム」として理解する
・「メンタルモデル」「自己マスタリー」「システム思考」「共有ビジョン」

原題 Original title
The Fifth Discipline

出版年 Publication year
1990

邦題 Japanese title
学習する組織

出版社 Publisher
英治出版

登場頁 Page
P210

野中郁次郎
Ikujiro Nonaka ——【1935～】

SECIモデルでチームとして知識を創造し続けよ

・暗黙知↓形式知、個人↓グループのSECIモデル
・ドラッカーの示した「知識社会」への扉を開いた

THE KNOWLEDGE-CREATING COMPANY
IKUJIRO NONAKA

原題 Original title
The Knowledge-Creating Company

出版年 Publication year
1995

邦題 Japanese title
知識創造企業
（竹内弘高との共著）

出版社 Publisher
東洋経済新報社

登場頁 Page
P211

ジェイ・バーニー
Jay B. Barney ——【1954～】

資源の使い方が良ければ持続的競争優位につながる

・ケイパビリティ派の理論的支柱「資源ベースの戦略」の番長
・経済学的手法とVRIO理論で分析

GAINING AND SUSTAINING COMPETITIVE ADVANTAGE
JAY B.BARNEY

原題 Original title
Gaining and Sustaining Competitive Advantage

出版年 Publication year
1996

邦題 Japanese title
企業戦略論

出版社 Publisher
ダイヤモンド社

登場頁 Page
P216

マーガレット・ペタラフ
Margaret Peteraf

「資源ベースの戦略」をよりダイナミックに

・「異質性」「不完全な移動可能性」「競争への事前・事後的制限」で優位に
・RBVの継承者

RBV

原題 Original title
Dynamic Capabilities Deconstructed

出版年 Publication year
2010

邦題 Japanese title
ダイナミック・ケイパビリティ

出版社 Publisher
勁草書房

登場頁 Page
P216

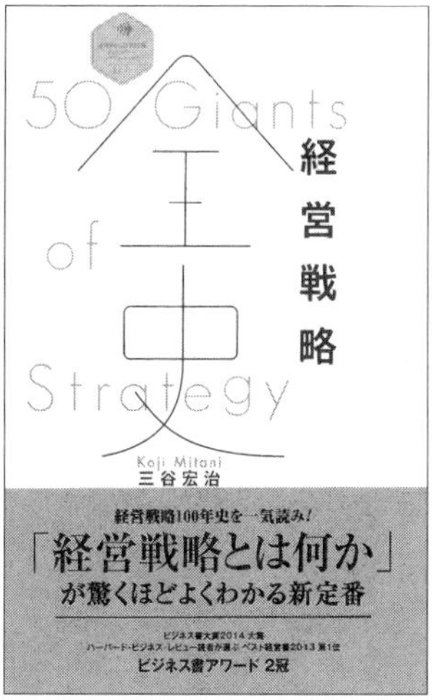
50 Giants of Strategy
経営戦略
Koji Mitani
三谷宏治
経営戦略100年史を一気読み!
「経営戦略とは何か」
が驚くほどよくわかる新定番
ビジネス書アワード 2冠

本書は、2013年4月にディスカヴァー・トゥエンティワンより発刊された『経営戦略全史』を基に、マンガ化し、大幅な加筆修正を施したものです。

〈著者略歴〉

三谷宏治（みたに・こうじ）

◎—1964年大阪生まれ、福井育ち。東京大学理学部物理学科卒業後、外資系コンサルティング会社に就職。以来19年半、ボストン コンサルティング グループ、アクセンチュアで戦略コンサルタントとして働く。2003年から06年までアクセンチュア 戦略グループ統括。途中、INSEAD（仏フォンテーヌブロー校）でMBA修了。

◎—仕事と並行して28歳頃から社会人教育に携わり始め、32歳からグロービスで「経営戦略」などの講師を務める。06年から教育の世界に転じ、地元小学校でのPTA会長などを経て、08年からK. I. T.（金沢工業大学）虎ノ門大学院教授を務める。同時に、「決める力」「発想力」と「生きる力」をテーマにした授業や講演で全国を飛び回り、年間１万人以上の社会人・子ども・保護者・教員に接している。現在K. I. T. 虎ノ門大学院教授のほかに、早稲田大学ビジネススクール・グロービス経営大学院・女子栄養大学で客員教授、放課後NPOアフタースクール・NPO法人3keysで理事、永平寺ふるさと大使を務める。

◎—近著に『ルークの冒険～カタチのフシギ』『親と子の「伝える技術」』（実務教育出版）、『お手伝い至上主義でいこう！』（プレジデント社）、『ペンギン、カフェをつくる』『観想力 ～空気はなぜ透明か』（東洋経済新報社）、『一瞬で大切なことを伝える技術』（かんき出版）、『経営戦略全史』『ビジネスモデル全史』『「ハカる」力』（ディスカヴァー・トゥエンティワン）、『戦略読書』（ダイヤモンド社）、『シゴトの流れを整える』『発想力の全技法』（ＰＨＰ文庫）などがある。

■ホームページ：www.mitani3.com

■TwitterID：@mitani3

■Facebook：三谷3研究所

シナリオ：星井博文
画：飛高　翔
装丁・本文デザイン：永井貴（トレンド・プロ）
装丁イラスト：高橋龍輝（トレンド・プロ）
編集協力：株式会社トレンド・プロ

マンガ経営戦略全史　確立篇

2016年6月3日　第1版第1刷発行

著者　三谷宏治
発行者　小林成彦
発行所　株式会社ＰＨＰ研究所
東京本部　〒135-8137　江東区豊洲5-6-52
エンターテインメント出版部　☎03-3520-9616（編集）
普及一部　☎03-3520-9630（販売）
京都本部　〒601-8411　京都市南区西九条北ノ内町11
PHP INTERFACE　http://www.php.co.jp/
組版　朝日メディアインターナショナル株式会社
印刷所　共同印刷株式会社
製本所　東京美術紙工協業組合

ISBN978-4-569-83049-0